GAROTA GAY, BOM DEUS

JACKIE HILL PERRY

GAROTA GAY, BOM DEUS

A história de quem eu era e
de quem Deus sempre foi

P463g Perry, Jackie Hill, 1989-
   Garota gay, bom Deus : a história de quem eu era e de quem Deus sempre foi / Jackie Hill Perry ; [tradução: Elizabeth Gomes]. – São José dos Campos, SP: Fiel, 2020.
   Tradução de: Gay girl, good God : the story of who I was and who God has always been.
   Inclui referências bibliográficas.
   ISBN 9788581327204 (brochura)
         9788581327198 (epub)
   1. Perry, Jackie Hill, 1989-. 2. Ex-homossexuais – Biografia. 3. Homossexualidade – Aspectos religiosos. 4. Identidade de gênero – Aspectos religiosos. 5. Vida cristã. 6. Mulheres negras – Biografia. I. Título.
                                                     CDD: 248.843

Catalogação na publicação: Mariana C. de Melo Pedrosa – CRB07/6477

Garota gay, bom Deus: *a história de quem eu era e de quem Deus sempre foi.*

Traduzido do original em inglês:
Gay girl, good God: The story of who I was and who God has always been

Copyright © 2018 por Jackie Hill Perry

∎

Publicado originalmente por
B&H Publishing Group
Nashville, Tennessee

Copyright © 2019 Editora Fiel
Primeira edição em português: 2020

Todos os direitos em língua portuguesa reservados por Editora Fiel da Missão Evangélica Literária.
PROIBIDA A REPRODUÇÃO DESTE LIVRO POR QUAISQUER MEIOS SEM A PERMISSÃO ESCRITA DOS EDITORES, SALVO EM BREVES CITAÇÕES, COM INDICAÇÃO DA FONTE.

∎

Diretor: Tiago Santos
Editora: Renata do Espírito Santo
Coordenação Editorial: Gisele Lemes
Tradução: Elizabeth Gomes
Revisão: Shirley Lima
Diagramação: Rubner Durais
Adaptação da Capa: Rubner Durais
ISBN impresso: 978-85-8132-720-4
ISBN e-book: 978-85-8132-719-8

Caixa Postal 1601
CEP: 12230-971
São José dos Campos, SP
PABX: (12) 3919-9999
www.editorafiel.com.br

Dedicado a…

Deus
Preston
Eden
Minha mãe
Santoria
Brian
Melody

AGRADECIMENTOS

Obrigada, Preston, por me apoiar.
Obrigada, Nancy, por me encorajar.
Obrigada, Robert, Austin, Devin e B&H, por me guiarem.
Obrigada, amigos (vocês sabem quem são),
por orarem por mim.

SUMÁRIO

Prefácio 11
Introdução 15

Primeira Parte — Quem eu era

1 | 2006 21
2 | 6000 a.C.–1995 25
3 | 1988 37
4 | 1989–2007 43
5 | 2006 53
6 | 2007 61
7 | 2007 69
8 | 2008 81

Segunda Parte — Quem eu me tornei

9 | 2008 93
10 | 2008 105
11 | 2008–2014 121
12 | 2009–2014 133
13 | 2013–2014 153
14 | Você acredita em milagres? 159

Terceira Parte — Atração pelo mesmo sexo e...

15 | Atração pelo mesmo sexo e identidade 171
16 | Atração pelo mesmo sexo e perseverança 189
17 | Atração pelo mesmo sexo e o evangelho heterossexual 199

Posfácio 215

PREFÁCIO

JACKIE HILL PERRY E EU não poderíamos ter origens mais desiguais. Ela é da geração do Milênio [geração Y]; eu sou uma *baby boomer*. Ela é negra; eu sou branca. Ela foi criada por uma mãe solteira e rejeitada por um pai ausente que não tinha a mínima ideia de como amá-la. Eu tive uma mãe atenciosa e feliz no casamento, e um pai que adorava a esposa e os filhos. Jackie é 16 anos mais nova que seu único irmão, enquanto eu tenho seis irmãos e irmãs mais novos que eu.

Jackie é artista *hip-hop*. Eu sou formada em piano, tenho zero senso de ritmo e gravito em torno de composições musicais anteriores a 1910. Ela é uma poeta que usa as palavras com surpreendente habilidade para pintar quadros ao mesmo tempo provocantes e evocativos na tela do coração. Meu estilo oral e escrito tende a manter tópicos sequenciais, bem organizados e delineados.

Jackie teve sua primeira experiência homossexual quando estava no ensino médio. Eu não lembro nem mesmo de ter ouvido a palavra *homossexual*, ou de ter conhecido alguém que assim se identificasse até algum tempo depois de me formar no ensino médio. Ela não conheceu Jesus até os últimos anos da adolescência; minha primeira lembrança consciente de confiar em Cristo para me salvar foi aos 4 anos.

Minha ligação com Jackie me apresentou, entre outras coisas, a um vocabulário expandido. Lembro-me, por exemplo, do dia em que ela e eu estávamos enviando mensagens sobre um ministério no qual ela servia na época. Ela me informou que se tratava de um "belo ministério *da hora* [em inglês, *dope*[1]]", ao que retruquei: "*Da hora??*". De alguma forma, eu desconhecia (como, depois, ela me explicou generosamente) que "*da hora* é gíria para algo maravilhoso ou muito bom". ("Isso me confundiu", disse eu. "Ainda bem que eles não estão usando drogas!"). Nós duas demos boas gargalhadas.

Sim, nossa amizade tem sido bastante improvável. Contudo, por mais diferentes que sejamos em muitos aspectos, nossos corações e nossas vidas foram unidos pela necessidade em comum de um Salvador e pela graça abundante que nós duas recebemos de Cristo. Além disso, compartilhamos o amor pela Palavra de Deus, e ambas valorizamos e nos atemos à sã doutrina não somente como algo verdadeiro e necessário, mas também como belo e bom. Tudo isso, combinado com a observação de seus profundos discernimento e sabedoria, e a forma como Deus está usando sua voz firme e clara, tem feito de mim uma admiradora de Jackie (e de seu marido, Preston).

---

1 N. T.: Em inglês, a palavra *dope* refere-se a drogas como maconha ou cocaína.

Na providência de Deus, dois de meus livros, *Mentiras em que as mulheres acreditam e a verdade que as liberta*[2] e *Buscando a Deus*[3] (em coautoria com Tim Grissom), desempenharam papel significativo no discipulado de Jackie como uma jovem crente. Em anos mais recentes, seus escritos, palestras e atividades nas redes sociais têm feito parte de meu próprio discipulado e aprofundaram meu amor por Cristo e o apreço pela diferença que o evangelho faz em toda parte e partícula de nossas vidas. Assim, foi uma grande honra quando Jackie me pediu para redigir o prefácio de seu primeiro livro.

Ao ler seu manuscrito, encontrei-me, repetidas vezes, interrompendo meu querido marido, que estava sentado ao meu lado, trabalhando em seu laptop, para compartilhar com ele frases e parágrafos que me haviam deixado boquiaberta. "Ela enxerga coisas que os outros não veem", comentou Robert. Ele está certo. Ela descreve essas coisas de uma forma que a maioria de nós não consegue visualizar.

Tenho de admitir que hesitei um pouco quando ouvi pela primeira vez o título proposto para este livro. *Garota gay*, esforcei-me mentalmente — *mas isso não é o que ela é hoje!* Então, enquanto eu mergulhava no manuscrito, comecei a entender que esse era exatamente o ponto. Jackie é honesta e não faz rodeios na descrição de "quem ela era", oferecendo o pano de fundo perfeito para destacar e celebrar "quem Deus

---

2 Nancy Leigh DeMoss, *Mentiras em que as mulheres acreditam e a verdade que as liberta*. (São Paulo: Editora Vida Nova, 2013).
3 Nancy DeMoss Wolgemuth & Tim Grissom, *Buscando a Deus*. (São Paulo: Shedd Publicações, 2020).

sempre foi". Seu entendimento e sua expressão das duas coisas — sua condição caída e quebrantada, por um lado, e o amor e a graça do Deus redentor, por outro —baseiam-se solidamente na verdade, conforme ele a revela em sua Palavra.

Este não é um livro para ser lido de modo rápido ou superficial. Deve ser saboreado e refletido, conforme Jackie vai olhando pelas lentes da Escritura e de sua própria jornada para desvendar realidades duras, como ausência paterna, abuso, atração pelo mesmo sexo, identidade, tentação, combate à concupiscência com o evangelho e concepções equivocadas quanto à feminilidade. Em tudo isso, ela aponta para um Salvador que ama os pecadores e um evangelho que salva, transforma e guarda aqueles que vêm a Jesus em arrependimento e fé — por mais semelhantes ou distintas que suas histórias possam ser em relação à sua própria.

Conforme Jackie conclui:

> Vale a pena contar o que Deus fez pela minha alma porque vale a pena conhecê-lo. Vale a pena vê-lo. Vale a pena ouvi-lo. Vale a pena amar a Deus, confiar nele e exaltá-lo... Contar o que Deus fez pela minha alma implica convidar você para adorá-lo comigo.

Portanto, venha, veja, ouça, ame, confie e exalte a Deus. Venha adorar!

Nancy DeMoss Wolgemuth
Setembro de 2018

INTRODUÇÃO

Escrevi este livro por amor — uma palavra comum geralmente usada fora de contexto. Esta obra não é uma comunicação errada de minhas intenções; é produto direto delas.

Antes de escrever este livro, vivi as palavras que o compõem. No passado, garota gay? Sim. E agora? Agora eu sou o que a bondade de Deus faz com uma alma quando a graça a alcança.

Ao dizer isso, sei que já ofendi algumas pessoas. Não presumo que toda mão que toma este livro concorde com toda letra negra contida em suas páginas. Há muitas pessoas que, enquanto leem, não vão entender que ser gay é algo que pode pertencer ao passado. Ou é o que você é, ou o que você nunca foi. A esse respeito, discordo totalmente. A única coisa constante neste mundo é Deus. Ser gay, por outro lado, pode ser uma identidade imutável apenas se o coração não estiver disposto a se curvar. Há maior complexidade nisso do que minha modesta apresentação permite.

Quero encorajar as pessoas que hesitam em virar a página devido à minha visão pessoal sobre a verdade a continuar a ler. Reconheço que tenho muito mais a dizer sobre ser gay e sobre Deus de um ponto de vista contracultural, mas espero que também seja algo provocante a ponto de ser considerado em sua perspectiva maior.

Existem outras pessoas que conhecem apenas o amor hétero, o que faz de um livro como este o estudo do desconhecido. Essas pessoas são cristãs (do tipo "Sempre fui um cristão hétero") para quem este livro também foi escrito. Nem sempre tenho amado da forma como outros têm amado a comunidade gay. Entre a bandeira pintada do ódio e o silêncio interpessoal, meu amor pela igreja me move a procurar escrever algo equilibrado — algo que possa tornar o amor segundo o qual foram chamados a caminhar em uma prova tangível de como Deus é.

Este livro, contudo, não deve ser confundido com as próprias Escrituras. Queira Deus que traga benefícios para a igreja, mas estas palavras não devem ser tidas como as mais importantes para a igreja. Esse papel pertence à Palavra de Deus. Este não é um apêndice para as Escrituras; resume-se simplesmente a contar uma história impactada pelas Escrituras, com instruções práticas obtidas na vivência das Escrituras. Meu amor pela comunidade LGBT me faz muito desejosa de ela conhecer a Deus. Meu amor pela igreja me leva a desejar que ela mostre Deus ao mundo tal como ele é, e não como preferiríamos que ele fosse. Este livro revela meus esforços para alcançar este fim. Sair do estilo de vida gay para entrar num mundo totalmente novo de amar a Deus do modo dele é algo muito louco — uma loucura tão satisfatória que leva você a voltar a ser santa ou a transforma em alguém melhor. Se eu fosse atribuir a essa experiência outro adjetivo, diria que é "dura". Uma dureza bem semelhante a uma montanha que foi fustigada demais pelo céu para ser escalada. Mas até as montanhas podem ser movidas.

Para esses santos, meu amor é um ajuntamento de minha vida, de minhas falhas, vitórias e de tudo que aprendi a respeito de Deus, editado e transformado em texto para que leiam. E, à medida que forem lendo, pode até haver um suspiro profundo dizendo: "Ela entende disso". Melhor ainda seria se suspirassem, bem de seu íntimo, algo como: "Deus é bom", seguido por "Todo o tempo!". Essas são demonstrações de quantas vezes Deus salva. Que existam mais garotas e rapazes gays que foram feitos novos por um bom Deus! Para eles, estas palavras vêm a calhar, para que saibam que não estão sozinhos.

Ao escrever este livro, eu me revelei. Ou seja, sou tão sincera quanto sei ser. Nunca fui de fingir. Quando, na condição de nova crente, fui apresentada à forma típica como alguns crentes falam de si mesmos e de suas vidas nos termos mais belos, recusei-me a ceder ao conveniente infortúnio de ser ambígua quanto à verdade. Se a verdade é o que nos liberta, por que não andar nela sempre? Com sabedoria e amor, claro, mas também segundo a realidade de que é na verdade que começa a liberdade.

Finalmente, neste livro que ora você tem em mãos, toda frase busca exibir a Deus. Deixar este lugar cheio de palavras com um entendimento desenvolvido a meu respeito e uma revelação superficial de Deus tornaria sem valor todo o meu esforço. Este é um livro que tem muito de mim, mas muito mais sobre Deus. Ele é aquilo de que a alma precisa para descansar, e a mente demanda para ter paz. Ele é o Deus Criador, o Rei da Glória, aquele que, em amor, enviou Cristo para pagar a pena e tornar-se o pecado no qual todos nós nascemos. São as palavras desse Cordeiro de Deus ressurreto, e a seu respeito, que, espero, subirão das páginas para penetrar o coração. Este livro é uma mão erguida, um louvor alegre, um hino necessário, uma aleluia ouvida e não silenciada. Esta obra é a minha adoração a Deus que, com oração, espero que deixe você exclamando: "Deus é tão bom!".

Jackie Hill Perry

PRIMEIRA PARTE

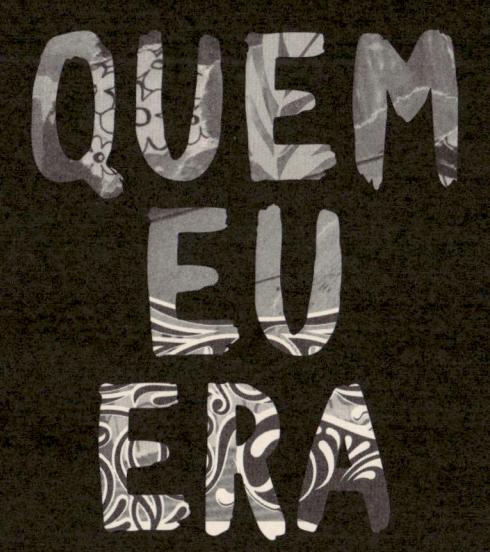

QUEM EU ERA

CAPÍTULO 1
2006

"Jackie, você quer ser minha namorada?", perguntou-me ela, apertando os olhos como quem soubesse que a pergunta podia representar uma ofensa.

Eu já a vira antes. No ensino médio, ela era uma das poucas garotas que não escondiam seu lesbianismo nos corredores, nas salas de aula ou nos locais em que as pessoas costumavam conversar. Se você conhecesse alguma coisa sobre sua família, saberia que os quadris pertenciam à sua mãe. Ela vestia sua identidade com um sorriso, sorriso que pairava sobre sua pele, uma pele de bronze que se expôs ao sol por tempo demais. Eu notei isso e o corpo para o qual ela sempre chamava a atenção.

Era o baile do colégio, e nós duas estávamos de pé bem no meio da pista do ginásio de esportes, que fora transformado em pista de dança. Em um canto perto da entrada, era possível ver um grupo de meninas populares demais para ser amáveis. Elas riam como se tudo fosse uma piada do próprio grupo, e olhavam para todos que passavam por elas com o único propósito de caçoar do que viam. Do outro lado, sob o brilho das luzes piscantes da festa, estava o rei da festa do ano anterior, ao lado de todos os outros rapazes que as meninas costumavam rodear, a fim de dançar bem na frente deles. Elas ficavam esperando que um dos meninos se afastasse da turminha e lhes pedisse o número do telefone. Se a menina fosse muito bonita, talvez o menino até se lembrasse de seu nome quando ligasse do celular. Mas, por ora, os meninos estavam amando mais o sentimento de ter seus egos exaltados numa noite de sábado.

Estávamos de pé bem no meio do salão. Dava para ver que ela estava ficando impaciente. Eu ainda não respondera à sua pergunta nem permitira que meu corpo lhe dissesse o que minha boca queria dizer. Só conseguia pensar na segunda-feira e no que me aguardava se eu respondesse "sim" ao seu convite. A notícia não *caminharia*; simplesmente *correria* na direção de todos os ouvidos e voaria pela boca de todos que a ouvissem — até que a escola não me visse mais como a garota com uma boca ousada e uma estrutura frágil, mas como "aquela garota gay".

Passariam a pronunciar meu nome como se fosse uma doença contagiosa. Como se o que eu era passasse para sua pele, se enfiasse em seus coraçõezinhos heterossexuais e mexesse com eles até acabarem tão "doentes" quanto eu.

Pensei mais naquelas que eram violentas. Essas vinham da mesma estirpe que as meninas populares daquele canto. Elas tinham o dom de usar as palavras como armas e nunca deixá-las de lado, mesmo que isso destruísse as pessoas com quem falavam. Os insultos a pessoas gays eram os seus prediletos. Elas mascaravam esses insultos e os carregavam para onde quer que fossem. Descarregar um deles não seria um grande desafio. Eu via o rosto dela e ouvia o som de uma pistola sendo carregada. Ela ainda estava esperando, intrigada com meu silêncio. Achei que conseguia ouvir as balas ricocheteando pelo chão, mandando que eu ficasse calada.

"Menina, não brinque assim comigo! Eu não sou gay." Isso soava tão *hétero*. De propósito. Eu tinha ido ao baile dos que voltavam depois de formados para participar da tradicional festa dos adolescentes — a forma como essas noitadas eram conhecidas. Minha roupa, comprada com vinte horas de trabalho de fim de semana, tinha o propósito de chamar a atenção para mim, mas aquela garota queria mais do que eu estava disposta a pagar. Ela me queria e provavelmente esperava que eu aceitasse sua oferta. Mas, para mim, isso não seria em nada diferente de tirar a roupa bem na frente de uma multidão. Eu não estava disposta a desnudar meus segredos na frente dela nem de qualquer outra pessoa. Por ora, eu me sentia bem com a fantasia de estar sendo sincera. Pelo menos isso me manteria em minha zona de conforto.

CAPÍTULO 2
6000 A.C.—1995

Eu me sentia atraída por mulheres antes mesmo de aprender a soletrar meu nome. Minha mãe me deu esse nome — Jacqueline. Ela achava que soava digno. Como uma espinha dorsal recusando-se a se curvar. Tinha ouvido esse nome com frequência em sua juventude, sempre que a esposa de John F. Kennedy era mencionada no noticiário. Quanto a mim, na segunda série, eu não sabia quem era o trigésimo quinto presidente dos Estados Unidos nem quem era a esposa que ele deixava ficar de pé ao seu lado quando acenava para o mundo. Só sabia que nosso nome tinha letras demais e que meus dentes da frente tinham um pequeno espaço, culpa dos meus antepassados, e que, de acordo com minha professora, eu fazia perguntas demais.

Quando eu olhava para o céu, não entendia por que ele não era da cor das minhas mãos, parecendo, ao contrário, com os olhos da minha professora. E por que aquela menina que sentava a duas carteiras da minha me fazia sentir tão estranha. Ou por que meu coração se abalava sempre que ela se mexia. Ou como, na hora do recreio, sempre íamos parar no canto de uma cabana Fisher-Price, fazendo coisas que nunca tínhamos visto e nos assegurando de que nossos atos ficariam ocultos dos demais.

O telhado me fazia lembrar um lápis de cera — do tipo verde que a gente tira da caixa quando precisa desenhar a grama. A cabana em si era uma versão entediante de marrom, sendo seu único ponto animado as venezianas de um amarelo-mostarda vivo que emolduravam as janelas de plástico, que mantínhamos fechadas quando estávamos no interior da pequena cabana. Sem que tivéssemos sido ensinadas, nós nos escondíamos. De alguma forma, nossas mentes portavam regras que nossos corações sabiam estar sendo quebradas. Minha mãe estava no trabalho e, quando ela pensava em mim, provavelmente imaginava meus olhos "ainda não protegidos", cheios de alegria, enquanto eu corria pelo brinquedo de escalar, como um leãozinho novinho em folha, vestindo camiseta vermelha e shorts jeans azul-marinho. Com os cabelos negros e volumosos, como o orgulho do meu pai, soltos ao vento, até chegar a hora de voltar para a aula e aprender a escrever. Ela não sabia que eu também estava aprendendo outras coisas. E como aquilo que eu sentia ainda não tinha me falado seu nome. Eu só sabia que tinha de guardar para mim.

Os pais não têm como ajudar, mas eles transmitem as coisas a seus filhos. Toda vez que eu ficava ao lado da minha mãe, alguma piada que nós duas conseguíamos captar pegava de jeito nossas bocas — então, explodíamos em gargalhadas. Por trás dessas gargalhadas, era possível ver aquela falha nos dentes e perceber que éramos parentes. Que ela me dera algo que fora dela a vida inteira, só porque eu nasci portando seus genes.

Muito antes de minha mãe ter boca para sorrir, ou que a mãe dela tivesse mãos para limpar folhas de couve (mãos de uma mulher com olhos de escrava, feições de africana roubada e sobrenome de europeu), houve duas pessoas que viram primeiro a face de Deus. Naquele tempo, Adão e Eva eram bem diferentes. Estou certa de que eles se mantinham tão altivos e fortes quanto Deus intentou que fossem, com a pele que quase reluzia de glória, como os bebês que eles nunca tiveram de ser. Mas a aparência deles tinha mais a ver com aquele a quem refletiam do que com quanto podiam ser atraentes. Quando foram criados, seus corpos e almas não tinham manchas — eram limpos, quase tão transparentes quanto o vidro, através dos quais viam seu Criador. Deus não podia ser comparado a nada mais além de si mesmo; nem podia ser facilmente descrito pelas coisas que ele havia criado. Palavras como *magnífico*, *surpreendente*, *maravilhoso* ou *de tirar o fôlego* são simples demais, chegando mesmo a ser quase indolentes para descrever o Deus Santo.

Se pudéssemos, enquanto tomamos um cafezinho, perguntar a Adão qual palavra lhe veio à mente no instante em que ele exalou e viu Deus pela primeira vez, provavelmente Adão responderia: "Bom. Eu o vi e soube que era *bom*". Alguém que nasceu depois de Adão provavelmente diria para si, para não parecer irreverente: "Bom? Será que essa é a melhor palavra que ele consegue para descrever Deus? Puxa, até mesmo *eu* sou bom". A dúvida sussurrada era o sorriso familiar, os olhos idênticos, os ossos da face compatíveis e as mãos ocupadas. E foi Adão, e não Deus, quem passou isso a todos nós.

Tudo começou depois que a esposa de Adão, Eva, que fora criada de uma costela sua, começou a conversar com um dos animais a que seu marido tinha dado nome. A serpente, conforme Adão determinou que seria chamada, era sorrateira. Tinha o tipo de caráter que uma mulher idosa detectaria tão logo ela entrasse na sala. Não é mencionado se, quando a serpente se aproximou de Eva, teve a decência de se apresentar. Dizer a ela seu nome podia tê-la confundido, ou pior, dado a ela a chance de lhe perguntar de onde viera. Adão deu-lhe o nome de *serpente*, mas aquela que estava falando era conhecida por todos os demônios do inferno como Satanás. Por ser sagaz, o animal limitou-se a fazer, inicialmente, algumas poucas perguntas. Podiam guardar a parte "conhecer melhor quem você é" para mais tarde.

Não sendo chegado a uma conversa fiada, foi questionar diretamente algo que Deus dissera ao seu esposo pouco tempo depois de tê-lo criado. Deus, após fazer os céus, a terra e tudo que neles há, colocou Adão no jardim do Éden. Em volta de Adão, havia árvores, muitas delas — todas agradáveis aos olhos e com bons frutos para comer. Bem no meio, havia uma que não era mais espetacular que as outras, mas tão bela quanto todas as demais. Seu nome era "A árvore do conhecimento do bem e do mal". Foi dito a Adão que todas as árvores eram para seu proveito, pois o próprio Deus as havia plantado para seu deleite, e que produziriam os melhores frutos que ele jamais havia provado. Cada porção lembraria a bondade que ele vira no dia em que veio à vida. Porém, o ato de comer o fruto da árvore do conhecimento do bem e do mal o levaria à morte. Deus disse que, de fato, isso aconteceria e, como quer a santidade, ele não mentia ao dizer isso.

Como uma criança, eu precisaria aprender a escrever. Ou colocar juntas nove letras para tecer meu primeiro nome, mas ninguém teve de me ensinar sobre alegria. Saí do ventre já pronta para sorver alegria. A primeira mamada de leite agradou ao meu paladar antes mesmo de cair na minha barriga novinha em folha. Com isso, eu não me sentia feliz apenas por estar saciada, mas pela experiência de sabor do alimento. Um sorriso discreto crescia em meu íntimo por causa disso.

Quando cresci e fiquei mais velha, encontrei outras alegrias: amigos, desenhos animados, dormir na casa de amigas, feiras, abraços, brinquedos, chocolates, a manhã de Natal e risadas. A bondade de Deus se espalha por tudo que ele fez (e eu estou incluída nisso), dando-me a capacidade de sentir prazer nos portadores de sua imagem e no que ele criou com suas mãos. Alegria nunca foi o problema. Nossos corações, que se inclinam para longe do prazer verdadeiro naquele que nos criou, é que nos deixam inertes quanto a como, ao quê e a quem nos dá alegria autêntica.

De volta ao jardim com Eva, a serpente começou a falar:

> (...) É assim que Deus disse: Não comereis de toda árvore do jardim? Respondeu-lhe a mulher: Do fruto das árvores do jardim podemos comer, mas do fruto da árvore que está no meio do jardim, disse Deus: Dele não comereis, nem tocareis nele, para que não morrais. Então, a serpente disse à mulher: É certo que não morrereis. Porque Deus sabe que no dia em que dele comerdes se vos abrirão os olhos e, como Deus, sereis conhecedores do bem e do mal. Vendo a mulher que a árvore era boa para se comer, agradável aos olhos e árvore desejável para dar entendimento, tomou-lhe do fruto e comeu e deu também ao marido, e ele comeu. Abriram-se, então, os olhos de ambos; e, percebendo que estavam nus, coseram folhas de figueira e fizeram cintas para si. (Gn 3.1-7)

O que o diabo tinha em mente ao cutucar o cérebro de Eva não era necessariamente uma questão de indagar qual seria sua resposta. Nem era a pergunta em si que ela deveria estar cansada de ouvir; foi a *forma* como ele começou: "É assim que Deus disse...". Em outras palavras, "será que Deus estava dizendo a verdade?". Era uma acusação velada contra o caráter de Deus, que, se acolhida, desviaria Eva de vê-lo corretamente. Não seria possível confiar em um Deus mentiroso, muito menos adorar alguém assim. Ele só diria coisas que não significavam nada ou afirmaria coisas que jamais poderia cumprir.

Então, Satanás diz a Eva, depois que ela fracassa em repreendê-lo, que Deus é mais parecido com o diabo do que ela poderia imaginar. Ao lhe prometer imortalidade mesmo após a desobediência (embora Deus tivesse advertido acerca da morte), Satanás apresentava Deus como um mentiroso e ele mesmo como o portador da verdade — dizendo que a Palavra de Deus era instável como promessa na boca de um embusteiro. Ele prometeu que ela podia pecar e ainda continuar viva. Que a santidade, a bondade e a glória de Deus eram apenas embustes que eram plenamente descobertos quando se fazia algo que ele ordenara não fazer.

Eva olhou. A árvore ainda estava ali de pé. Antes, ela podia ser apenas uma parte do que atraía seus olhos em raras ocasiões, sombreada por toda a glória que Deus espalhava em tudo a seu redor. Sempre fora proibido comer dela, mas nunca fora proibido tocá-la. Mas sempre havia coisas melhores para fazer, comer, tocar, sentar em seus galhos, se deleitar com ela, conviver com ela. Uma única árvore proibida seria a menor das preocupações quando eles podiam conversar com Deus todo dia. Até que veio a dúvida.

Imagino que, na ocasião, essa árvore parecia diferente para eles. O fruto pendurado abaixo do galho, solto o suficiente para o vento balançar cada um deles. Ela os viu e pensou em sua próxima refeição. Como ficariam gostosos em seu prato, mesmo que isso representasse que ela não mais viveria para a próxima mastigada. Uma única piscadela depois e seus olhos se deram conta de como era lindíssima aquela árvore. Como se parecia com Deus, só que era ainda melhor, pensou. Lembrou-se do que a serpente tinha falado acerca de Deus, e de como a árvore a tornaria parecida com ele. Calculou que o fruto, e não a fé; o pecado, e não a obediência; tudo isso lhe daria a necessária sabedoria para ser mais perfeita do que já era. Curiosamente, um pouco do que ela via era verdade. A árvore realmente era boa para se comer e parecia agradável à visão; Deus a criara assim (Gn 2.9). O engano estava em acreditar que a árvore seria mais satisfatória ao corpo e mais agradável aos olhos do que Deus. Toda a sabedoria que Eva achava que a árvore poderia lhe dar abandonou seu corpo no instante em que ela fez algo tolo: acreditou no diabo.

Para mim, às vezes o diabo fazia mais sentido que Deus. Ambos, o diabo e Deus falavam. Deus, por meio de suas Escrituras; Satanás, por meio da dúvida. Eu havia aprendido os Dez Mandamentos na Escola Dominical enquanto comia um saco de pipoca caseira e tirava bolinhas das minhas meias. Os "Não farás" não complementavam a doce mastigação amanteigada que me distraía. Era um ruído ao qual eu não queria dar as boas-vindas. "Você não pode. Você não deve. Não faça isso", nada disso soava como uma canção que valesse a pena escutar; era apenas um ruído terrível abafado pela resistência. Satanás, por outro lado, só me falava daquilo que era agradável ou que fazia sentido para mim. Se a mentira me permitia evitar que minha mãe usasse o cinto para rasgar meu traseiro, então era bom mentir. Eu definia a bondade segundo meus próprios termos. Valia qualquer definição que eu decidisse usar naquele dia. Deus realmente foi aquele que, originalmente, apresentou o conceito de bondade à terra, mas, para eu viver nessa espécie de bondade de Deus, era necessário ter fé. Tudo que ele disse que era bom *era* bom porque ele estava nisso. Incluindo tudo que ele havia ordenado que eu não fizesse, pois ele sabia que a coisa mais cruel seria não dizer a mim e a todos os demais seres vivos que evitássemos aquilo que nos impede de chegar a ele.

No entanto, a incredulidade não vê Deus como o bem maior; assim, não enxerga o pecado como o mal maior. Em vez disso, vê o pecado como algo bom e, consequentemente, os mandamentos de Deus como um empecilho para a alegria. Ao acreditar no diabo, eu não precisava usar um colar com pentagrama nem decorar uma ou duas mandingas. Só teria de confiar mais em mim mesma do que na Palavra de Deus. Tinha de crer que meus pensamentos, meus afetos, meus direitos, meus desejos, tudo isso era digno de absoluta obediência e, ao me prostrar diante daquele trono precário que eu criara para mim, eu estaria fazendo algo bom.

Depois de Adão (que esteve ali de pé com a esposa, a quem deixou de proteger da serpente) comer da árvore, eles morreram. Seus corpos ainda estavam de pé, o sangue quente ainda correndo em suas veias, os olhos ainda deixando a luz entrar. Mas, efetivamente, o que Deus disse que adviria da desobediência aconteceu. Sua recusa em confiar nele acima e além de seus afetos desordenados, de sua lógica distorcida e de seu desejo por autonomia os tornou não mais amigos, mas inimigos de Deus. Sua santidade era real. Seu juízo era verdadeiro. E o conhecimento que eles tinham do pecado agora não era mais apenas intelectual, mas também empírico.

O pecado, quando está no corpo, não permanece imóvel. Não é uma visita que permanece apenas na sala, certificando-se de não incomodar ninguém. É um habitante que vive em tudo e vai para todo lado. Ele sangra por toda parte, abafando tudo que é santo. O vidro se quebrou e foi esmiuçado quando o pecado entrou neles. Adão e Eva, os primeiros portadores da imagem de Deus, criados para amar e refletir Deus na criação, agora se tornaram os primeiros pecadores deste mundo.

Todos que nasceram depois de Adão herdaram isso dele. E, assim como Eva, eu, desde que nasci, experimentaria as reminiscências de seu trato com a serpente. O fato de ter nascido humana significava que eu tinha capacidade de afeto e lógica. O fato de ter nascido em pecado significava que tanto o afeto como a lógica haviam sido comprometidos. A atração sem nome que eu sentia em nível elementar só ressaltava como o pecado pode ser guloso. Os desejos existem porque Deus nos deu. Mas os desejos homossexuais existem porque o pecado existe. Amar a Deus, conforme fomos criados para amar, envolve tanto a vontade como os afetos, mas o pecado rouba esse amor que Deus colocou em nós por ele mesmo e nos manda que o levemos para outro lugar. O pecado havia tomado conta do coração, voltando-o na direção de algo menor. Os desejos pelo mesmo sexo são reais. Embora nascidos do pecado, eles não são apenas um sentimento imaginário que se conjura para ser apenas diferente. A realidade desse afeto não o torna moralmente justificável. É a mente, quando conformada à imagem do pecado, que nos move a chamar o mal de bem simplesmente porque parece bom para nós.

Assim como Eva permitiu que seu corpo dissesse o que ela deveria fazer com ele, em vez de deixar a Palavra de Deus lembrá-la para o que fora criada, eu era inevitavelmente propensa ao mesmo tipo de incredulidade. Aquela em quem o pecado soava melhor do que a submissão. Ou onde as mulheres, que são feitas belas e maravilhosas, assim como aquela árvore, seriam *mais* belas e *mais* maravilhosas do que eu considerava que Deus pudesse ser.

Naquela cabaninha da Fisher-Price, eu tinha certeza de que era o bebê da minha mãe. Mas o fruto não havia caído muito longe da árvore. O que eu fazia por trás daquelas janelas de um amarelo reluzente e o que eu sentia quando tentava soletrar meu nome todo, *Jacqueline*, apenas provam que eu também era filha de Adão.

CAPÍTULO 3
1988

East Saint Louis fica a um pulo, um salto, de Saint Louis; basta atravessar o rio Mississippi para chegar a Saint Louis. As duas cidades localizam-se em dois estados diferentes, mas sempre acabam compartilhando seus habitantes. Nas sextas à noite, isso era mais frequente. As pessoas negras na casa de seus 20 ou 30 anos atravessavam a ponte que ligava Missouri a Illinois, encontravam um clube à altura de suas noitadas e iam dançar. Com a música mais alta do que o lamento, as pessoas se esqueciam de suas jornadas de nove às cinco, deixando-as em casa, para ser tão jovens quanto quisessem ser.

Uma mulher, com altura mal chegando a um metro e sessenta, com um sorriso de um milhão de risadas e os olhos de alguém cujas lembranças são frias e brutais ao toque entrou no clube. Exalou um suspiro de alívio quando sentiu uma lufada de ar no rosto. Aquela noite de julho deixara uma marca de suor em sua têmpora. Isso funcionou em seu benefício, dando-lhe a aparência de quem roubou um pouco da luz da lua para enfeitar o próprio rosto. O cabelo era de um corte propositalmente assimétrico, espelhando o rosto como de toda mulher negra viva em 1988. Afastando a parte mais comprida do cabelo para o lado, ela percorreu com os olhos o salão para ver se encontrava um lugar vazio. Após encontrar, sentou-se à espera de um amigo enquanto se divertia. Era como se não tivesse nenhum problema como sua companhia.

Ao lado da porta, ela reconheceu o jovem que entrava. As luzes estavam fracas, mas brilhavam o suficiente para iluminar seu rosto. Era difícil deixar de notar seus profundos olhos negros, fixos sob um par de sobrancelhas compridas e negras, uma delas com uma cicatriz bem no meio. Talvez fosse um sinal de seu hábito de deixar as coisas quebradas atrás de si. Ele a viu, sentada entre amigos, e abriu um sorriso torto em sua direção. Esse sorriso fazia a maioria das mulheres se esquecer do bom senso. Mas essa mulher era a chefe do jovem, dez anos mais velha que ele. Era crescida demais para estar desesperada, mas suficientemente sensível para saber que ele era ótimo.

Poucas semanas antes, eles haviam sido apresentados por um amigo em comum. Ele acabara de sair do Exército e precisava de um emprego na área civil. Ela era gerente de um restaurante e estava disposta a lhe dar um uniforme pelo qual não teria de aprender a atirar para vesti-lo. De início, ela não se impressionou com a presença daquele homem. Para ela, o jovem não era diferente de qualquer outro que estava em sua folha de pagamento. Após bater seu ponto e cheirando a dia de folga, ele atraiu sua atenção.

Daquele momento em diante, tornaram-se amigos. Não saíam para encontros amorosos; só saíam para comer. Havia tempos em que ele ficava na casa dela e ria a noite toda; quando isso não acontecia, simplesmente saíam para passear. Quando o jovem falava, ela via quanto ele conseguia guardar dentro de si. Via que ele ocultava as coisas — ideias, medos, fatos, rostos, fantasias que só vinham à tona quando ele sentia vontade de falar. Ele fazia perguntas que ela nunca soube se saberia responder. Ela aprendeu mais a respeito de sua mente ao interagir com a dele.

Não era seguro presumir que o fato de ele estar por perto significava que estivesse disposto a permanecer. A amizade deles era composta de fios tênues destinados a jamais ficar juntos. Mas isso não os impedia de se relacionar sexualmente vez ou outra. Dois meses depois de se tornarem amantes, jamais rotulando a situação como sendo dessa natureza, ela se deu conta de que nada que tomasse para atenuar suas náuseas recorrentes parecia funcionar. Duas colheres de remédios antieméticos depois de um estômago cheio era totalmente inútil. Além disso, os jeans que ela usava continuavam encolhendo ou suas coxas estavam se tornando mais volumosas dia após dia. Achando que uma menopausa precoce seria a razão da traição de seu corpo, ela foi ao médico. Então, descobriu que não eram os hormônios da menopausa que a atormentavam. Eu estava crescendo dentro dela.

"Quero fazer um aborto", declarou minha mãe. Do outro lado da linha, estava sua melhor amiga. Elas se conheciam desde os 4 anos de idade.

Quando Dwight D. Eisenhower era o presidente e muitas mulheres tinham bebês que não queriam ou não tinham condições de criar, mas não tinham dinheiro para impedir que viessem, deixavam que os bebês crescessem de qualquer jeito. O grosso fio branco de extensão que vinha por trás do telefone ficou preso entre seu punho e o antebraço. Ela mudou o fone de ouvido para desenrolar o fio. Isso só aumentava a frustração que ela sentia queimar em suas mãos. "Não quero ter um bebê *desse* jeito."

O que ela queria dizer é que não queria ter um filho *com ele*. O colega de trabalho que se tornara amigo e, em seguida, se tornara amante. Ele era o "jeito" pelo qual ela nunca quis trazer mais um bebê ao mundo.

Seu primeiro filho, meu irmão, já tinha 16 anos. Ela o tivera com um homem a quem amava, e que também a amava. Ela e o pai do meu irmão saíam juntos em encontros amorosos, faziam planos para passar o tempo juntos e chamavam um ao outro com nomes como "Baby" e "Doçurinha". Meu pai era um homem de 25 anos com um belo rosto e nenhuma ideia de como se aquietar e amar qualquer coisa que pudesse tornar-se consistente. O relacionamento dos dois era muito complicado para permitir o ingresso de uma criança, pensava ela, então por que não remover isso, ou seja, *a mim*?

Sua amiga ficou escutando a racionalidade do argumento da minha mãe. Era o aborto que estava em pauta, e não a vida. Remover-me da face da terra tornaria melhor o seu mundo. A sociedade mudara muito desde então, mas Deus ainda era o mesmo. O aborto ainda era um mal, como sempre fora, mesmo antes do dia em que "Não matarás" trovejou da boca de Deus. Ela não estava pensando com clareza. Então, sua melhor amiga resolveu ajudá-la a ver isso por si própria. A mulher abriu a boca, e Deus falou: "Como você sabe que Deus não quer que você tenha um filho *desse* jeito?".

Como um copo de água gelada atirado em seu rosto, os olhos de minha mãe se abriram, seu coração bateu a verdade em seu peito e o som da morte se aquietou por um segundo. Ela nunca havia considerado a providência de Deus e como isso envolvia seu ventre. Deus, onisciente, aquele que criou o homem, que criou a vida, havia orquestrado minha concepção. Embora ela tivesse sido realizada em lascívia pecaminosa, Deus me dera a ela. Ele estava me formando em seu ventre. E, sem que ela soubesse, Deus me escolhera desde antes da fundação do mundo para conhecê-lo. E ninguém — nem minha mãe, nem meu pai, nem mesmo eu — impediria isso.

CAPÍTULO 4
1989-2007

MEU PAI ME AMAVA — às vezes.

Eu não tinha consciência de quão longe ele estava de mim. A maioria das crianças começa a se lembrar dos nomes depois do pré-escolar. Todas as pessoas, todos os lugares e todas as coisas têm seus nomes gravados em sua memória. Dali em diante, os nomes moldam aquilo no qual elas tocam. Papai, meu lar, amor, tudo isso se tornou uma contradição quando eu me dei conta de como meu mundo era diferente das imagens que os livros de história que eram lidos para mim apresentavam na escola. Dick e Jane tinham um pai em casa. Jackie, não. Dick e Jane tinham um pai que os colocava na cama para dormir. Jackie, não. Dick e Jane acordavam e tomavam café da manhã com seu pai. Jackie, não. O pai de Jackie vinha visitá-la. Às vezes, não vinha. O pai de Jackie telefonava. Às vezes, não telefonava. Ter certeza de sua ausência ficou mais claro em junho, quando meu aniversário e o Dia dos Pais caíram na mesma data, e nem eu nem meu pai nos parabenizamos. Algum tempo depois, deixei de esperar que ele me cumprimentasse. Achava que ele havia esquecido o dia em que nasci. Para ele, era o mesmo que o primeiro dia de escola dos netos de seus colegas de trabalho, algo bem irrelevante e demasiadamente impessoal para levá-lo a ter prazer.

Querendo me proteger de mais uma tristeza e de mais uma desilusão, minha mãe deixou de me aprontar para aguardar sua chegada. Ou de me dizer que a razão para eu estar vestindo calças bem-passadas e uma camiseta nova era que o papai vinha me buscar. Ela não queria participar de minha profunda decepção, e parou por completo de me contar as promessas que ele fazia. Havia lágrimas demais para ela enxugar no rosto da filha quando meu pai deixou de mostrar o próprio rosto. Ela cansou de me ver olhando fixamente para a porta fechada. Pernas parando de balançar porque "Estarei aí dentro de trinta minutos" acabava se transformando em uma batida à porta que nunca era ouvida.

Algumas vezes, ele aparecia. Quando isso acontecia, não me lembro de nada — uma lágrima, uma pergunta confusa sobre "Onde está o papai?". Para o momento, a resposta estava no assento de motorista, levando-me a algum lugar que eu não conhecia (o que, para mim, não importava, desde que ele estivesse comigo).

Olhando para ele, eu amava sobre tudo em seu rosto. Seus olhos tinham uma maravilhosa escuridão ao redor que, quando estreitados em seu sorriso meio torto, permitiam-me ver como eu mesma parecia quando ria. Posso dizer que sua mente nunca sossegava por muito tempo. Nos momentos mais calmos, quando a conversa não conseguia esconder seu jeito desajeitado, ele olhava para longe com uma conversa nos olhos que só ele conseguia ouvir.

Quem eu era fazia mais sentido quando eu estava com ele. Ele era um espelho diferente. Com ele, eu conseguia ver onde havia conseguido coisas que minha mãe não possuía. Deleitava-me com cada minuto junto a esse parente inconstante a quem eu chamava "Papai" até que ele começava a usar palavras que eu não acreditava pertencerem a ele, como, por exemplo, "Eu amo você". Essa frase era grande demais para caber em sua boca. Ele a lançava ao vento como se acreditasse nisso enquanto dizia — mas eu não acreditava. Não podia acreditar. O amor, da forma como eu o entendia, através da mamãe, não era como o vento. A indiferença, sim. O vento e a indiferença iam aonde quisessem. Instalando-se quando isso trazia benefícios, indo embora sem avisar, mesmo que isso despedaçasse um ou dois lares ao sair. O amor era como o sol — sempre estava ali. Podia parecer que se movimentava, mas estava sempre ali firme, parado. Já o Papai não conseguia ficar parado, de modo que, até onde eu entendia, o Papai não me amava.

Com o tempo, eu me convenci disso. Pode haver muitos aniversários perdidos, muitas primeiras pedaladas de bicicleta perdidas, muitas mudanças de altura, de peso e de ano escolar até o coração se acomodar e manter do lado de fora o homem cujo sangue ajudou a fazê-la existir.

Eu tinha idade suficiente para ouvir bem. Do outro lado, ele se inclinou para trás na cadeira da varanda, terminando uma rápida conversa com alguém, pendurando metade do corpo para fora da porta da frente para alcançá-lo. A porta de tela de metal voltou ao lugar com um baque barulhento, como sempre acontecia. Virando sua cadeira de novo na minha direção, ele disse:

"Você sabe que eu amo você, certo?" Então, eu desviei o olhar, não para poupá-lo do ceticismo que reorientava meu rosto, mas para evitar que ele soubesse que conseguia me comover.

"Sim...", respondi.

"Do jeito que eu sou, posso amar as pessoas sem precisar estar perto delas. Por exemplo, eu amo você e todos os seus irmãos [ele tinha dois filhos com a primeira mulher]. Também amo minha esposa [sua terceira mulher], mas esse é meu jeito, caso algum de vocês queira deixar de falar comigo. Ou simplesmente me abandonar — eu não me importaria com isso. Não quer dizer que eu não amo, mas apenas que isso não me afeta.

Tive de segurar minha boca antes de ela cair ao chão. Observando mais de perto suas feições, eu tentava descobrir se elas conseguiriam explicar o que suas palavras diziam. Já fazia muito tempo que as palavras se haviam tornado uma rota secundária para eu ouvir as pessoas. As pessoas diziam muito daquilo que não queriam dizer para eu acreditar que todas as suas palavras fossem verdadeiras; o corpo, porém, sempre acrescentava uma (ou outra) frase desarticulada ao diálogo.

Quando eu escutava as mãos dele, ele parecia relaxado. Sua voz, calma. Não era dura, mas quase macia. Seus olhos, ainda maravilhosos, pareciam leves. Não vagavam pela terra; mantinham o foco em mim. No que parecia, ele estava apenas sendo sincero, e isso assustava minha vulnerabilidade. Eu não conseguia entender como esse homem (meu pai) podia dizer a mim (sua filha) que qualquer tentativa de me distanciar dele não iria significar nada. Que não o afetaria em nada. Na verdade, ele poderia continuar com a sua vida, sem que eu estivesse nela, como ele fizera durante todo o tempo, com a paz constante de um homem sem pecado. Essa confissão dava sentido a seu método de paternidade ao longo dos anos. Obviamente, isso significava que ele tinha a capacidade de amar sem se importar com o ente amado, de vir um dia e nunca mais voltar. Que ele seria capaz de se sentar em frente a uma pessoa com o mesmo semblante tranquilo e escolher nunca mais vê-la. Isso deu prova de que não era possível que esse homem realmente me amasse. Ou, se me amava, era um amor eventual, e meu coração não era capaz de suportar isso. Daquele dia em diante, eu nunca mais telefonaria para ele, e duvido que tenha se dado conta disso.

Aprendi quão arriscado é confiar em alguém por causa do meu pai. Também aprendi que não era possível entregar minha confiança a alguém só porque essa pessoa dizia que eu podia confiar. Eu via suas palmas abertas, os dedos levemente flexionados para garantir que nada passasse pelas frestas, esperando que depositasse ali minha confiança. Mas era minha. Toda minha. As pessoas não podem tirar aquilo a que não têm acesso.

Podiam ter meu humor, compartilhar minha comida, saber meu endereço. Puxa, podiam até mesmo saber algumas das minhas histórias. Eu contaria tudo certinho, deixando de fora as partes do choro, dando-lhes apenas o suficiente para que achassem que me conheciam. Tornei-me imperturbável e insensível, porque, de outro jeito, não podia me manter segura. Ao mesmo tempo que eu ensinava a mim mesma a evitar a dor, estava me disciplinando a viver sem amor.

> Ame qualquer coisa, e seu coração será torcido e apertado, possivelmente até mesmo quebrado. Se você quer ter certeza de mantê-lo intacto, não pode entregá-lo a ninguém, nem mesmo a um animal. Embrulhe-o cuidadosamente com passatempos e pequenos luxos; evite todo e qualquer envolvimento; tranque-o no caixão ou na caixa-forte de seu egoísmo. Mas, nessa caixa-forte — segura, escura, imóvel, sem ar —, isso mudará. Ele não será quebrado, mas se tornará inquebrável, impenetrável, irredimível... Amar é ser vulnerável.[4]

Não me lembro dos diferentes pontos centrais da trama que cercavam a ocasião. Nem mesmo lembro o que eu vestia ou o que tomei no café da manhã daquele dia. Foi uma blusa marrom ou uma camiseta alaranjada? Quem sabe eram waffles ou talvez panquecas? Não lembro o que minha mãe me disse antes de me deixar na casa de alguns amigos da família. Gente em quem ela confiava para proteger seu bebê até que

---
4 C.S. Lewis, *Os quatro amores* (São Paulo: Thomas Nelson Brasil, 2017).

ela voltasse do trabalho. Tenho certeza de que ela me deu um abraço antes de se despedir, mas quem pode estar certo disso? Fica tudo embaçado até eu me lembrar da cor do porão.

O porão era escuro. A única luz vinha de uma janelinha no canto. Uns dois feixes de luz cortavam o ambiente, enchendo-o do que parecia uma espécie de neblina. Como fui parar ali, só Deus sabe! Como eu tinha cerca de seis ou sete anos, a única razão para eu ter ido parar naquele local teria sido a promessa de brinquedos. Ou de jogos. Talvez um jogo de esconde-esconde, era disso que ele — esse parente adolescente em cuja casa eu estava — queria brincar. Entre a mesa de bilhar, muitos armários, pilhas de caixas arrebentadas, lavanderia fechada e a própria escuridão, havia muitos lugares que serviriam de esconderijo. Não sei como tudo começou — só me lembro de um reconhecimento profundo e imperturbável de que aquilo que ele fazia comigo não me permitia respirar normalmente. Ele mandou que eu fizesse e eu obedeci. Será que aquilo durou cinquenta segundos ou quinze minutos? Não sei dizer. Ele era maior, mais velho e, pelo que eu sabia, aquilo também era uma *brincadeira*.

Uma década ou mais depois disso, voltei minha atenção para a televisão quando ouvi uma mulher de olhos molhados e voz rouca contar a Oprah (a famosa entrevistadora de TV americana) sobre o abuso que acontecera em sua própria casa. Ela descreveu aquela violência disfarçada que roubara de seu corpo o fôlego inocente. Tinha o coração em frangalhos diante da câmera sempre que se lembrava de mais um detalhe. Ela fechava os olhos, virava a cabeça para a direita, tentando resistir à nitidez de seu passado. Depois de cada lágrima, a cabeça ficava mais pesada. Expressar em palavras a própria dor era um peso que ela claramente não estava preparada para trazer a um auditório.

Enquanto eu escutava, pensei na escuridão daquele porão e no que acontecera ali. O que ouvi e o que eu lembrava pareciam a mesma coisa — exceto pelo fato de que eu nunca dera um nome a isso. Para mim, era só uma coisa que acontecera da qual eu sentia muita vergonha para contar. De acordo com essa mulher, eu fora vítima de abuso sexual. Ter a capacidade de dar nome ao que acontecera comigo fez com que lágrimas irrompessem de meus olhos. Caiu uma lágrima, depois outra e várias outras vieram depois disso, até que eu me vi compartilhando não só a história que essa mulher contava, como também seu profundo pesar. Minha cabeça deu um baque mais pesado, tombando na direção de meu peito. Então, senti meu coração afundar diante da revelação de ter sido desrespeitada por causa da luxúria de um adolescente.

É engraçado como, às vezes, a mente não permite que o corpo lembre o que foi feito com ele. Ela escolhe, por vontade própria, tomar a memória abusiva e enterrá-la. Como se ocultar a dor nos fizesse esquecer de que ela está bem ali. Não lembrar-se do trauma não quer dizer que ficamos sem sentir seus efeitos. Eles ainda vêm e vão diante de um cheiro, um som, uma visão, um toque, uma pergunta, um tom, um local, uma pessoa ou pessoas, personalidades. O trauma fica à espera de ser notado e trazida à luz. Deixá-lo entrar e encarar de onde veio, esse é o caminho para dar sentido às nossas vidas e encontrar a cura específica que fomos impedidas de ter.

Entre a ausência paterna e o abuso sexual, toda a minha estrutura referencial para as pessoas que Deus criou como homens era edificada sobre a experiência do que eles haviam feito comigo. A ausência de um homem ensinou-me que os homens eram incapazes de amar. Apenas em breves vislumbres esporádicos de afeto, eles conseguiam fazer o que diziam que fariam. Feita de uma espinha dorsal inconsistente, endireitada por tudo exceto carne e sangue, recusei-me a acreditar que os homens pudessem firmar-se na verdade — jamais. O outro homem não era homem de verdade, mas, à medida que ia se tornando homem, resolveu descarregar seus impulsos sobre uma criança. Uma menina cuja primeira apresentação ao afeto masculino não seria o abraço de seu pai, mas a lascívia de outro homem. A consequência disso foi que o toque masculino carregava consigo tudo que soava inseguro. Para mim, o abuso sexual transformou a intimidade masculina em uma prática sem dignidade do ego do homem, para a qual eu seria apenas um corpo a conquistar, e não uma pessoa a amar.[5] Eu ainda não tinha a mesma espécie de certeza de hoje, mas, durante todo esse tempo, outro homem estava me amando, sempre.

---

5 É importante notar que não foi o abuso sexual que fez de mim gay. Nem a ausência paterna. Esses fatores só exacerbaram e contribuíram para direcionar o caminho daquilo que já estava ali posto, ou seja, o pecado (Sl 51.5; Rm 1.26-27; Tg 1.15).

CAPÍTULO 5
2006

Já tínhamos deixado a pista de dança, mas aquilo que ela me perguntou me seguiu até em casa. Não podia tirar aquilo da cabeça. "Jackie, você quer ser minha namorada?", essa pergunta pairava entre o teto e minha clavícula, agarrando-se a todos os meus pensamentos, sem que houvesse qualquer tentativa minha de libertá-la. Quando eu disse "Não" a ela pela primeira vez, ela deu um sorriso e jogou um pouco a cabeça para trás, como se eu a tivesse ofendido ou se ela soubesse que eu estava mentindo. Quando fui embora, ela ficou me observando pelas costas com uma risadinha irônica, como quem sabe que, por fim, eu acabaria reconhecendo a verdade — como se ela soubesse sobre a segunda série e os sonhos que vieram, mesmo depois de eu conseguir soletrar. Mais tarde, eu teria um nome para aquele tremor em meu coração toda vez que uma mulher se aproximava de mim. Talvez ela tivesse ouvido as palavras e percebido o jeito linear como foram ditas, com um anseio constante por fazer o que Levítico chamava de abominável. Eu tinha ouvido mais de um pastor dizer isso, alguns até mesmo gritando, como a voz de alguém que tenta não engolir fogo. Mas saber isso não me impedia de desejá-la — e certamente não tornava mais fácil admitir isso a ela, embora fosse ainda mais difícil admitir isso para mim mesma.

— ✤ —

Eu não queria ir para o inferno. Quando eu pensava nela, também pensava *nisso*. Ficava imaginando como seria viver lá, vendo as chamas abusando de minha pele, virando-a para mim, despida e totalmente insegura. Eu me imaginava perguntando como não sentir sede quando aquele calor extinguisse o ar de minha garganta sempre que eu abrisse a boca amplamente para pegar o vento do fogo, esperando que isso aliviasse minha sede. Meu nariz nunca mais sentiria o cheiro de um café *espresso* ou o aroma das flores. Tudo que estava morto seria inalado. Tudo de bom teria desaparecido e seria lembrado como algo a que eu não dera valor. Eu andaria, sempre exaurida, rumando para o fim da escuridão e implorando por luz, por esperança, por uma trégua, um alento, um abraço, um sorriso em minha direção, uma gargalhada, uma oração com o potencial de ser atendida. Deus ouviria, mas não falaria. Veria, mas não socorreria. A libertação estaria no passado, e os sermões que eu carregava comigo, sem nunca ter acreditado neles, seriam as cinzas das quais eu me alimentaria. O inferno seria uma escolha, e eu tinha de decidir se ela valia a pena.

Isso é o que você sempre quis fazer, pensei comigo. Até então, eu só tivera sonhos e longos pensamentos silenciosos à plena luz do dia sobre estar com mulheres, mas nunca tive coragem de seguir nessa busca. Os breves momentos de intimidade com mulheres, como uma amiga me dando um abraço no corredor ou agarrando meu braço durante um ligeira crise de risos, sempre me faziam sentir bem e me envolviam agradavelmente. Mas esses momentos só duravam tempo suficiente para eu saber que desejava ter mais que isso. Agora eu tinha essa oportunidade ao meu alcance. De agarrar o vaga-lume pela asa antes que ele desse sua luz a outro céu.

"Mas e quanto ao inferno?" Aquele lugar sem luz, cheio de pessoas incapazes de gostar de um sexo diferente, de acordo com a última igreja que eu frequentava, estaria do outro lado da escolha por ela. "Posso apenas *experimentar* e ver como é." Meu coração e minha consciência estavam de lados opostos de uma corda invisível, cada qual puxando de um lado, esperando que eu resolvesse quem iria cair.

Sentada em minha cama, minha consciência estava em diálogo constante, como sempre. Eu nunca a sentira argumentando tanto, ou talvez ela sempre tivesse falado assim, e apenas eu me acostumara a ignorá-la. Com frequência, ela me advertia sobre o que não devia fumar ou sobre a quantidade de bebida, ou ainda sobre o que não dizer, não assistir ou meditar — e nem uma vez sequer eu a escutei. Eu sempre fazia o que queria fazer. Minha consciência parecia preocupar-se mais com a coisa certa a ser feita do que com o que parecia bom e certo para *mim*. Por outro lado, meu coração me conhecia muito bem. Era ele quem me dirigia desde a juventude, levando-me a cabanas de plástico marrom. Alguns anos mais tarde, uns sete, enquanto eu estava assistindo à pornografia na casa de uma amiga, ela me dizia para continuar olhando, que jamais contasse, que me lembrasse de tudo que eu tinha visto e que deixasse isso entrar em minha casa sempre que mamãe estivesse dormindo. Agora, ela simplesmente queria que eu fosse livre. Livre como um vaga-lume deixado solto no escuro. Ali, cercado pela noite, toda aquela escuridão transformava seu corpo em chamas.

Através das paredes, do quarto, do lento obscurecimento de minha consciência e das perguntas que ela [a consciência] fazia e eu insistia em ignorar, Deus olhava. Ele via aquilo que a minha boca nunca dizia e que meu coração murmurava num suspiro. É a ilusão do Éden, em que dois recém-pecadores tomam uma árvore como cobertura (Gn 3.8) ao concluírem que poderiam esconder-se do Deus onividente. Seu pecado, que precisava ser confessado, está mantido por trás da casca da árvore, como se encontrasse liberdade na seiva. Deus vai caminhando até eles, em vez de correr, como se estivesse anunciando que ele vem na calma da misericórdia. Pergunta onde estão. Não porque não saiba a resposta, mas porque está dando uma oportunidade para que confessem. Para que digam não apenas onde estão, mas também por que estão lá. É a negação do pecado, a indisposição de confessar, o desprezo pela completude do conhecimento de Deus em relação a nós e o temor que isso deve provocar, sem deixar espaço para o arrependimento. São as pessoas enganadas que pensam que podem esconder-se de Deus.

> Para onde me ausentarei do teu Espírito?
> Para onde fugirei da tua face?
> Se subo aos céus, lá estás;
> se faço a minha cama no mais profundo abismo,
> lá estás também; se tomo as asas da alvorada
> e me detenho nos confins dos mares, ainda lá me haverá
> de guiar a tua mão,
> e a tua destra me susterá. Se eu digo: as trevas, com efeito, me encobrirão,
> e a luz ao redor de mim se fará noite, até as próprias trevas não te serão escuras:
> as trevas e a luz são a mesma coisa. (Sl 139.7-12)

Meu segredo não era absolutamente um segredo. Meus pecados estavam sempre diante de Deus, e minha consciência era como fazer uma caminhada no frescor do dia pelo jardim e não haver para onde fugir ou me esconder. Deus estava escutando, pronto para sussurrar com uma voz diferente, uma voz verdadeira que afirma: "Se confessarmos os nossos pecados, ele é fiel e justo para nos perdoar, e nos purificar de toda injustiça" (1Jo 1.9). Mas eu não queria que ele ouvisse e perdoasse. Eu só queria ouvir as vozes que me conduziam para longe da luz. Eu queria a liberdade que se escondia nas trevas.

Eu tinha ouvido cristãos falando de liberdade e sobre como ela só acontecia quando Deus alcança seu coração e arranca a dureza dali, purificando-o. Dessa forma, é possível fazer coisas que não são naturais, como "obedecer" e "confiar em sua Palavra". Declarações que, quando eram ditas para mim, uma amante da desobediência, soavam tão tolas quanto a escravidão.

Sendo honesta comigo mesma, eu sabia que queria ser gay com ela. Ter acesso a ela só por meio das redes sociais me deu a oportunidade de lhe dizer a verdade sem ter de ver a expressão em seu rosto ao reagir a isso. Se, quando ela lesse minha mensagem, aquele riso irônico voltasse e se irradiasse, isso provaria que estava certa. Quando ela respondeu, eu li a mensagem e me senti aliviada. Como se o telhado acima de minha cabeça tivesse rachado e eu tivesse voado, batendo meu tornozelo contra o beiral para poder sair dali. Isso era mais para mim do que para ela. Era meu jeito de explorar o mundo e meu lugar nele. Ela era apenas o combustível. Eu precisava dela para dizer às minhas pernas como o céu pesava. Como lá em cima não adianta andar. Que voar não envolve seus braços e suas pernas. Você precisa apenas se soltar e ver quão depressa o céu noturno a leva para junto dele. De vez em quando, minha boca se abria e eu sentia a escuridão contra meus dentes, espalhando-se pela língua. Quem poderia saber que a sensação de liberdade seria assim?

Fechando a porta atrás de mim, eu a conduzi para os fundos da casa apenas com a minha voz. Sem receio de meu olhar demorado ser flagrado, fiquei observando enquanto ela caminhava na minha frente. Nos fundos da casa da minha mãe (que, naquela hora, estava no trabalho) havia um solário. Ali, plantas com nomes de gente que ela nunca conhecera enchiam o espaço, tornando-o verde. Sentei-me perto de "Lavínia" e ouvi o clique do isqueiro. Levou algum tempo para a chama sair, mas, quando veio, lentamente, a sala parecia ter cheiro de mais do que um baseado queimando. A fumaça dominava cada canto, transformando aquele solário em uma versão nublada da lua. Depois de ela inalar um pouco, passou para mim, para que eu fumasse. Então, inalei a noite e exalei um pedido: "Senta".

Sentamos, sentindo-nos chapadas e poderosas naquele ambiente esfumaçado, confortáveis, compartilhando o mesmo espaço, enquanto conseguíamos manter na mão aquele baseado torto. Nossa proximidade era diferente daquela que os pregadores descreviam. Eles diziam que não era algo natural. Às vezes, seguindo-se a isso, usavam uma rima sobre como Deus criou "Adão e Eva, e não Adão e Estêvão" [em inglês, temos "Adam and Eve, not Adam and Steve]. Mas, para mim, os versinhos tolos não mudavam o fato de que era muito bom estar perto dela. O que eles achavam estranho parecia bem natural para mim, como a heterossexualidade jamais parecera. O corpo dela inteirinho me fazia sentir bem comigo mesma. Então, segurei-a em um abraço bem apertado, não querendo que aquilo voltasse a se dissipar como um sonho, um sonho no qual eu só era gay enquanto estava dormindo.

Ela me flagrou olhando-a por cima do ombro e sorriu. Dessa vez, havia um pouco de surpresa em seus olhos. Como se estivesse olhando um vaga-lume se refletir no céu mais do que esperava. "O que foi?", perguntei. Obviamente, ela estava descobrindo algo a meu respeito, e eu queria que dissesse isso em voz alta. "Está claro que você sempre foi gay." Olhei bem em seus olhos de menina e dei um sorriso meio maroto.

CAPÍTULO 6
2007

"Hoje à noite, você deveria se vestir como um garanhão", disse minha nova namorada, cruzando suas pernas reluzentes, sentada na cabeceira da minha cama.

Alguns meses se haviam passado desde que eu estava com essa mulher que me apresentou a um mundo no qual as mulheres se beijavam e gostavam disso. Nessa comunidade de gente negra e gay, logo eu aprenderia que havia uma linguagem diferente daquela que o mundo hétero usava ao redor.

O que as pessoas convencionais chamavam de garota de aspecto normal — aquelas que andavam com bolsas, unhas pintadas, *gloss* nos lábios, salto alto, vestidos e saias, e que falavam como quem tem namorado, e não namorada —, a essas, nós chamávamos de "fêmea". Havia muito tempo *molecote* descrevia gente como eu — o tipo de garota que detesta bolsas, vestidos, *gloss* nos lábios ou saias, e que sempre fala com mais agressividade do que todo mundo diz que uma garota deve falar. Mas, nesse ambiente recém-descoberto, no qual o arco-íris sempre estava presente (mesmo quando não havia sol), os "molecotes" costumavam receber um novo nome: "garanhão". E, em meus relacionamentos, o papel de macho já era aquele que eu exibia. Eu abria as portas, pagava as refeições, protegia sempre que necessário, guiava, nunca era segurada pela cintura — eu só me curvava quando ela queria segurar meu pescoço na hora do beijo e, então, eu a puxava para baixo, para lembrá-la de que eu era mais forte. Agora, ela queria que eu me vestisse do jeito como eu falava, deixando que toda essa *masculinidade* se refletisse em minhas vestes.

Tomei emprestada a calça *jeans* de um amigo que vivia cinco casas abaixo da minha. Deslizei uma perna para dentro da calça e parecia que a eletricidade percorrera minha perna esquerda e a costura de dentro. Essa eletricidade só parou ao chegar ao meu rosto e se transformar em um sorriso. Então, eu ri, apenas para manter a excitação sob controle. A outra perna da calça entrou tão facilmente quanto a primeira, com a mesma sensação elétrica passando por minha perna direita, pelo joelho, pelo meu tronco e por baixo da enorme camisa vermelha de manga comprida, até chegar às minhas mãos. Puxei a calça até a cintura, deixando um pequeno vão, como eu via os homens que eu conhecia fazerem.

Não ajudava o fato de eu não ser considerada suficientemente feminina no mundo. Quando a idade chegou, eu me havia distanciado daquilo que algumas pessoas consideram feminino. Rosa era feio — eu não usava roupa cor-de-rosa. Vestidos não tinham graça — eu não usava vestido. Bolsas eram inconvenientes — eu não carregava bolsa. Essas coisas, para os outros, eram aquilo que fazia as garotas serem *garotas*. Não importava que dissessem que nós, mulheres, devemos mostrar quadris largos para nos preparar para um dia portar vida no ventre. Ou que, em nós, não havia o instinto de saltar bem na frente de uma bala por um homem, mas de ser o primeiro rosto quente que visse quando estivesse caído ao chão, segurando a cabeça e a mão, com voz que não contava com o pomo de adão para engrossá-la, dizendo-lhe: "Vai ficar tudo bem". Não importava o fato de nossa estrutura carregar mais carne do que músculos, de sermos mais educadas ou de nossos peitos crescerem e se tornarem bem maiores do que os de qualquer garoto durante a puberdade. Não importava o fato de rirmos, envergonhadas, naquela hora em que não estávamos preparadas para sangrar na escola — não perguntávamos aos meninos como se haviam sentido quando menstruaram pela primeira vez. Por que faríamos isso? Afinal, eles eram meninos. Os homens só sangram quando jogam duro demais e quando lutam intensamente. Nós sangramos por natureza. A natureza tal como era mostrada em meu corpo de "Mulher".

Mas a sociedade dizia que eu era masculinizada. Tinham feito das mulheres pessoas que mostram as pernas e dos homens pessoas que falam como se todo mundo tivesse de ouvi-los. Nenhuma dessas versões era condizente. Eu precisava de alguém mais inteligente e não criado para me dizer quem eu era, pois só ele saberia mais que todos.

Pelo que sabemos, identidade e conceito de bondade vieram juntos ao mundo. Quando Deus criou Adão e Eva, ele os fez, em primeiro lugar, à sua imagem. Ele queria que ambos fossem diferentes das estrelas, das plantas e dos animais. Não existiriam como as outras coisas criadas, tanto as belas como as desprovidas de alma. Adão e Eva seriam capazes de refletir Deus na Terra, em corpo, mente e alma. O fato de serem portadores da imagem seria sua principal identidade. E isso faria com que contassem ao mundo, enquanto vivessem, por quem e por que razão haviam sido criados. Ao mesmo tempo, eles também foram criados de forma distinta um do outro.

Deus os fez homem e mulher[6] — duas palavras não inventadas por uma pessoa, um grupo, cultura ou nacionalidade, mas usadas por Deus para descrever o que ele fez e exatamente aquilo que ele os projetou para ser. Do mesmo Deus, vieram dois corpos distintos e, depois de criá-los, por fim, depois de todo o resto ter sido criado, Deus olhou para eles e para tudo o mais e os chamou "bons". As plantas? Boas. As estrelas? Boas. As nadadeiras dos peixes? Boas. E quanto a Adão e Eva? E quanto aos seus olhos, e como suas mentes foram formadas para ver as mesmas coisas através de lentes diferentes? Ou quanto às suas mãos? Como as de Adão tinham largura suficiente para segurar o casco de um animal e as de Eva eram pequenas o bastante para segurar um passarinho? Ou como a voz de Eva soava como o amanhecer, enquanto a dele soava como algo jorrando de

---

6 Gênesis 5.2

uma montanha. O osso da testa de Adão era forte como um punho. O rosto de Eva, macio como um amém. Tudo isso Deus disse que era *muito bom*. Por quê? Porque foi um Deus bom quem os fez.

O pecado odeia tudo que é bom e, quando Adão e Eva decidiram habitar no pecado, algo interessante aconteceu. Eles comeram o fruto e pecaram contra Deus, seus olhos se abriram, e a primeira coisa que eles notaram foram seus corpos. Eles estavam nus e agora sabiam disso. Até então, nada havia mudado, embora tudo houvesse mudado. Ambos os corpos eram os mesmos de antes de eles terem acreditado no diabo, mas agora o pecado desempenhava um papel na forma como viam a si mesmos. O que antes era belo agora era objeto de vergonha, lembrando-os de seu relacionamento quebrado com Deus, e de um com o outro.

Do mesmo jeito que o pecado tomara meus afetos para seus próprios interesses, desejando e sentindo prazer em tudo que não era natural, tinha ambas as mãos agarrando também minha mente. Voltando meus pensamentos contra mim, como um telescópio invertido e incapaz de enxergar verdadeiramente, mas apenas de forma turva. O corpo no qual eu morava sentia como se me tivessem dado a roupagem errada. Outra camisa ficaria melhor, mais quentinha, mais fácil de vestir. A minha era estranha, desconfortável, dava coceira, era impossível de tirar. Se eu pudesse ver a bondade de Deus em tudo que ele havia feito, incluindo a mim e minha feminilidade, eu teria facilmente compreendido que meu corpo não fora deixado de fora das palavras de

Colossenses 1.16: "pois, nele, foram criadas todas as coisas, nos céus e sobre a terra, as visíveis e as invisíveis, sejam tronos, sejam soberanias, quer principados, quer potestades. *Tudo foi criado por meio dele e para ele*". Minhas mãos, minha cabeça, meu rosto, minhas pernas, meus quadris, meus hormônios, meus pés, meus dedos, minhas partes íntimas, meus sentimentos, minha voz — tudo foi feito por ele e para ele. Aparentemente, esse meu corpo nunca foi meu, desde o começo — ele me foi dado por Alguém, para Alguém. Alguém que o criou para a glória, e não para a vergonha. Mas, até que eu viesse a conhecer esse Alguém, minha identidade seria composta de todo tipo de sujeira voando dos pés do diabo enquanto ele percorria a terra.

— ❧ —

Todo fim de semana, nós estávamos lá. Sabíamos que aquele era o único lugar no qual podíamos dormir juntas sem nos preocupar com a possibilidade de alguém entrar no quarto. Entramos no saguão do hotel com o braço dela apoiado em meu antebraço. Ninguém estava na recepção, de modo que, então, sentamos e ficamos esperando. Já estávamos juntas havia uns seis meses, mas isso não importava quando nos tocávamos. Mais alta que eu e bela como uma borboleta recém-nascida, eu a conhecera por intermédio de uma amiga. No começo, só trocávamos mensagens. Eu já tinha uma namorada havia quase um ano e meio, mas, de vez em quando, sentia vontade de ouvir outra risada. Quando minha ex-namorada sugeriu que eu me comportasse como um garanhão, e eu acatei a sugestão, as mulheres davam em cima, cercando-me e me seguindo a cada passo. Acho que minha aparência era melhor assim. Cada uma delas dizia coisas que eu nunca ouvira a respeito de mim. Principalmente, que eu era desejada.

Elas me desejavam. E eu amava *isso* — nunca a *elas*. À exceção de duas: aquela que me ajudara a sair do casulo e a outra que estava sentada ao meu lado.

A porta se abriu de repente e bateu na parede atrás. Nessa hora, eu ouvi o rachar do papel de parede. E eu vi as costas dele antes de ver seu rosto. Ele veio da porta diretamente para trás da mesa de recepção, como se fosse um tornado de dois metros por dois, girando com sua pele áspera, os olhos se deslocando da parede esquerda para a direita, à procura de algo ou alguém que ele pudesse levantar do chão. E, tão rápido quanto entrou, saiu para outra sala. Quem quer que ele estivesse procurando não estava no saguão, nem atrás da mesa da recepção, tampouco lá fora.

Minha namorada voltou os olhos para mim. Não estavam tão brilhantes quanto pareciam estar antes de aquele homem irado entrar no *lobby*. Ela disse tudo e nada ao mesmo tempo. Entre suas piscadelas, eu ouvi: "Estou apavorada com ele, com essa situação. Você vai me proteger quando ele voltar? Se ele voltar, você o agarra para eu conseguir escapar?". E eu lhe disse "não" sem proferir uma única palavra. Ouvindo o rebombar nas paredes de sua voz "montanhosa", lembrando os braços daquele homem enquanto olhava para os meus, eu me senti como uma mulher. Aquilo que os olhos dela diziam eu também dizia.

Eu queria me virar para alguém cheio de testosterona e implorar para que fosse suficientemente forte, a fim de nos proteger a ambas. Contar com tudo que Deus dera a ele para, numa hora como essa, nos proteger. Eu não conseguia proteger nem a mim nem a ela. Eu sabia disso. E saber disso me deixou irritada, em silêncio. Era uma hora bastante incômoda para minha consciência lembrar-me da realidade. Por que ela simplesmente não podia me deixar comer poeira e chamar isso de comida? Essas roupas, essas mulheres, esses sonhos, essa voz, a submissão delas, esse pisar forte que fazia minha mãe se esquivar de medo, nada disso era verdadeiro? Não significavam que eu havia me transformado? Eu não podia ser aquilo que eu queria ser? Entre mim e Deus, no sigilo de minha consciência, o fato de eu ser mulher era inescapavelmente real. E, por mais que eu acreditasse, quando me via na presença de um homem que fora feito como homem, eu sabia que havia uma distinção natural entre nós dois que nem mesmo o peso de minha voz podia desfazer. Na outra sala, a voz dele ainda sacudia as paredes. E, quanto mais alto ficava, mais eu me lembrava do meu primeiro nome.

CAPÍTULO 7
2007

Eu sempre me perguntava se minha mãe sabia que eu era gay. Eu tentava, com todas as minhas forças, tratar minha namorada como uma amiga normal na frente dela. E, mesmo quando eu queria segurar a mão de minha garota, ou olhar para ela longamente, cheia de desejo, ou ficar observando-a enquanto ela atravessava a sala, eu escondia isso até que nós duas estivéssemos sozinhas. Qualquer um que soubesse o que é ter intimidade sentiria o cheiro na gente. Sentávamos perto demais para ser algo apenas acidental. Na frente de nossos pais, nossos abraços pareciam teatrais. Sorríamos de uma forma diferente, amável, em conversas que não comportavam isso. Antes de nossas bocas voltarem a se fechar, demorava um pouco. Percebendo o que fazíamos, virávamos a cabeça depressa, como duas crianças flagradas em um ato de desobediência. Mas, mesmo assim, minha mãe percebia. Ela via tudo.

Eu detestava programas de entrevistas pela rádio, mas isso ajudava minha mãe a começar bem o dia. Nós duas, mãe e filha, chefe e funcionária (eu trabalhava com ela no mesmo restaurante no qual ela conhecera meu pai, dezoito anos antes), íamos juntas, de carro, para o trabalho nas manhãs de segunda a sexta. Certa manhã, havia um jeito de quarta-feira no ar com o peso da segunda-feira. O locutor falava, falava e falava sobre nada que me interessava. Do lado de fora da janela, parecia que as casas iam se apagando quando passávamos por elas. Uma distração bem-vinda daquela voz irritante dentro do carro, que vinha do alto-falante, fazendo minha mãe dizer: "humm" e "hã-hã".

Agora, vinha uma voz diferente dos alto-falantes. A voz estava falando havia cerca de um minuto sobre o quê? Eu não sabia, mas, no fim daquele monólogo, imaginei que estivesse contando um caso ou uma piada.

Ela descrevia como essa pessoa se vestia, como esse era o primeiro sinal. Depois, como essa pessoa tinha uma amiga que vinha até sua casa e só ia embora no dia seguinte, depois de a aula acabar. Como a interação dessa pessoa com sua amiga era estranha, tão perceptível que a sobrancelha esquerda dela levantava toda vez que essa amiga se aproximava.

"Você falou com sua filha sobre essas coisas que vinha observando?", interrompeu o locutor. "Sim, falei. Eu abordei o assunto e ela negou. Disse: 'Mãe, ela é só minha amiga'. Mas eu não acreditei nela. Sabia o que ela era, só estava esperando que ela me contasse."

Ainda olhando para fora da janela, para não deixar muito explícito que o rádio conseguira prender toda a minha atenção, fiquei ouvindo, relutante, enquanto essa mulher descrevia sua filha. Essa menina era parecida comigo (e também se vestia como eu). A amiga da sua filha era como a minha namorada. Até mesmo o jeito de essa mãe comentar sobre como ela olhava para as garotas quando as três estavam na mesma sala lançava a suspeita que minha própria mãe carregava quando estava perto de mim e da minha namorada. O entrevistador interrompeu de novo: "Obrigado por participar de nosso programa! Agora, nós temos mães e pais de todos os lugares telefonando para responder à seguinte pergunta: 'Como você soube que seu filho (ou sua filha) era gay?' A próxima ouvinte..."

Minha mãe aumentou o volume. Mais uma convidada falava sobre mim sem usar meu nome antes de o volume cair no silêncio. Minha mãe estacionou o carro. Eu engoli em seco e voltei a olhar para fora da janela, dessa vez para calar as lágrimas.

"Você é?, perguntou ela. Parecia certa de qual seria a resposta e triste por ter de fazer essa pergunta.

"Sim." Foi um sim baixinho, mas honesto. Estranhamente, uma vez que eu disse sim, nada mais além de dor parecia respirar. Minha mãe ficou olhando para fora, tentando sugar a força das árvores. "Eu sabia!", disse ela. E eu sabia que ela sabia. Só não queria contar a verdade de minha própria boca até estar fora de seu teto. Perto do corredor, dentro do meu quarto, em frente à minha cama, entre as paredes, eu planejara viver dentro do armário.

Todos os meus amigos sabiam e, assim mesmo, me amavam. Eu nunca sentia medo de seus rostos, e não tinha medo de que se voltassem contra mim depois que eu admitisse quem eu era. Era fácil receber a aceitação dessas pessoas — uma moeda comum que os amigos vendiam e compravam antes de o sinal tocar. Mas a porta do armário fora escancarada pela mão de outra pessoa. Uma voz, uma descrição, um segmento perfeitamente cronometrado que falava em meu nome.

O que eu não queria ver era o rosto dela. Achei que contar a ela que eu era namorada da filha de alguém deixaria tudo bem sombrio. Pensei que ela se sentiria traída. Podia vê-la imaginando meu casamento — ela, sentada na primeira fileira; um homem e eu, diante de um altar, calcinados num mito. E filhos? Ah, os filhos. Eu a vi chorando por não ver minha barriga crescer. Se minha namorada carregasse em seu ventre um filho por nós duas, como ela sentiria tudo cinzento à sua volta: ver a filha comportar-se como se fosse um pai inevitavelmente destroçaria todos os seus sonhos de normalidade. Eu não queria ver sua decepção, nem ouvi-la verbalizada em palavras. Mas eu vi. Não havia como evitar ouvi-la suspirar pesado, antes de dizer: "Eu amo você. Mais tarde, a gente conversa sobre isso".

Eu não queria conversar. Tudo isso havia começado com conversas.

— ❧ —

Estar "fora" do armário era melhor do que eu havia imaginado. Os armários foram feitos para roupas, e não para gente. Uma vez do lado de fora, eu conseguia respirar mais alto, e ficar em público ao lado da minha garota com a mão na cintura dela. Podíamos ser observadas do jeito como as luzes de uma sala, depois de um tempo, tornam-se familiares. Mães, pais, filhos, avós, homens heterossexuais, meninas heterossexuais, vendedores nas lojas, policiais, gente no ônibus, transeuntes — todo mundo ficava olhando para nós. A cidade de Saint Louis, por não estar tão longe da cultura sulista de santidade ou inferno, passava pela corrente sanguínea de todo observador, e eles achavam que, se fizessem cara feia para mim, isso me levaria a buscar a Bíblia. Se não conseguissem isso, pelo menos me olhariam assim porque não conseguiam fazer outra coisa. *Que estranho*, pensavam, *duas mulheres apaixonadas!*

Dependendo da vizinhança, encontrávamos alguns sorrisos — do tipo que você encontra na parada do orgulho gay no verão. Puxa vida, como era gostoso sentir isso! Com suas bochechas tocando o lóbulo inferior de cada orelha, era possível sentir o gosto de seu afeto inclusivo e a ousadia de sua aprovação. Eles também ficavam encarando, mas nada diferente de quando estranhos olham para dois pombinhos enamorados que usam suas asas para um abraço. Ficavam olhando para participar do amor, e não para condená-lo. Esquecendo-me de tudo, o que eu sabia que a Bíblia dizia sobre nós era menos importante quando eu me via junto deles. A animação deles contradizia minha consciência a ponto de me confundir. Confusão sobre como Deus podia não gostar daquilo que fazia um bom número de pessoas (tanto as "heterossexuais" como as homossexuais) sorrir. Por mais que eu quisesse crer que Deus sorria ao pensar em minha vida, eu sabia que não era assim. Ele não sorria.

Minha consciência falava comigo o dia inteiro. Pela manhã, ela me lembrava de Deus. Alguns minutos antes de o relógio marcar meio-dia, Deus novamente vinha à minha mente. À noite, esse era o momento em que a consciência gritava mais alto. Antes de dormir, com minha cabeça repousada no travesseiro, cercada pela escuridão natural da noite, eu pensava em Deus. Se o fato de estar intrigada com as Escrituras e de lê-las para curar o tédio fizesse alguma coisa, ao menos me tornava consciente de uma verdade a respeito de mim e de Deus, e eu não conseguia me livrar disso, mesmo que a terra se abalasse. Eu era inimiga de Deus (Tg 4.4). Como eu, inimiga de Deus, podia ter bons sonhos sabendo que ele continua acordado durante toda a noite?

Deixando a mente correr noutra direção, eu me lembrava do amor e de como Deus é *amor*. Quando parecia que ele estava usando minha consciência para falar, eu me lembrava de Jesus. Pensava em suas mãos, convidando os pecadores a vir em sua direção. Acenando com cada uma das mãos continuamente, sem hesitar, dizendo: "Venha a mim, venha, por favor. Onde mais você vai encontrar vida, exceto por meu intermédio? Venham, todos os pecadores, venham". Era de enlouquecer tentar dormir com tanto ruído no quarto.

Keisha era cristã, e minha prima. Eu tinha os números de pouquíssimos cristãos anotados em meu celular, e menos ainda para quem eu poderia ligar e ter uma conversa que não acabasse como um diálogo unilateral sobre o livro de Levítico. Deus me assombrava. Keisha já o conhecia, e eu esperava que ela pudesse me ajudar a entender o porquê disso. Ele sabia que eu era gay, e ela também. Então, por que Deus estava falando tanto *comigo*? E o que eu podia fazer para aquietá-lo?

"Keisha... sinto que Deus está me chamando."

"Tá bom." Eu senti como se ela estivesse acenando com a cabeça. "Por que você acha isso?"

"Porque... eu... parece que é isso mesmo. Tipo, qualquer coisa que eu faço, sinto Deus chamando minha atenção. Tipo, em tudo que eu faço, ele está me chamando. Mesmo quando estou sozinha, sendo quem eu sou, sinto quanto estou errada.

"Humm."

"Mas acontece que eu não quero Deus. Verdade: eu não quero."

Ela me conhecia desde que nasci, e era mais de uma década mais velha que eu. Keisha respirou fundo, um suspiro do tipo "Deus me use" e disse: "Faz tempo que tenho orado por você. Quando você me disse que era gay, eu me culpei. Perguntei a Deus: será que eu deveria ter estado mais presente em sua vida? Achava que *tinha* de ser alguma coisa que eu fiz de errado. Mas Deus me falou apenas para orar".

Eu não disse nada, pois não queria interromper o fluxo de seus pensamentos sinceros. "Então, Deus mandou que eu entregasse você a ele e não me preocupasse mais. Porém, eu contei a Deus quanto a amava, pois não sabia como isso tudo acabaria, e sabe o que ele me disse?" Ela riu um pouco, como se estivesse se preparando para contar a moral da história em forma de piada. "Ele me disse que amava você mais do que eu amava. Desde então, eu me limito a orar." Ela riu de novo, como se soubesse algo que eu não sabia. "Não estou preocupada com você, Jackie. A mão de Deus está sobre você, e ele vai fazer o que tem de fazer para lhe mostrar quanto você precisa dele."

Depois de essa conversa terminar com uma oração, desliguei o telefone, ainda mais confusa do que antes de ela ter atendido. *Deus vai me mostrar quanto eu preciso dele? Ele me ama mais do que ela me ama? O que isso queria dizer?*, refleti. A única coisa que fazia sentido era que, obviamente, alguém estivera conversando com Deus a meu respeito, e essa era a razão para Deus não largar do meu pé. Era óbvio que o que estivesse sendo pedido a ele em relação a mim estava fazendo meu pequeno mundo pecaminoso rodopiar. Era estonteante viver nos dias modernos. Tentar manter-me no caminho certo (ou, eu diria, torto) fazia tudo que eu amava, principalmente minha relação com minha namorada, ficar fora de foco. Nada estava claro, exceto a voz alta de Deus dizendo: "Venha".

Comecei a fumar mais que o normal, pois isso mantinha Deus a distância. A fumaça espessa dançava, enchia meu corpo e silenciava a guerra, a verdade, as Escrituras, as mãos de Cristo, especialmente quando sangravam, estendidas e ainda dando as boas-vindas aos pecadores, inclusive aquela pecadora que estava morrendo bem perto dele. A não ser que suas mãos pudessem tomar as minhas e erguê--las para o céu, sinalizando a entrega de minha vontade, eu não daria nada a ele além de minha resistência.

— ❧ —

"Sinto muito em relação a seu pai." A mensagem simples, precisa, enviada por uma amiga que descobriu antes de mim, sem saber que suas condolências é que me dariam a notícia. Olhei fixamente para a tela enquanto lia essas palavras, pedindo que meus olhos as interpretassem de outro modo; meu coração estava silencioso. "O que você quer dizer com isso?" Minha reação era autêntica. Esse "sinto muito" podia ser um pedido de desculpas por muita coisa. Talvez ela tivesse ouvido comentários acerca da distância existente entre mim e meu pai, e estivesse lamentando isso. Ou sobre a última vez que tínhamos conversado, quando ele mencionou que percebera que eu nunca me dirigia a ele como "papai". Eu não usava nome algum. Nenhuma forma afetiva de tratamento cabia para descrever como ele era para mim. Eu dispensava palavras que soariam falsas, como Pai, Papai, Paizinho, e ia direto ao assunto, certificando-me de olhar bem em seus olhos, para que ele soubesse que era com ele que eu falava. Será que minha amiga estava pedindo desculpas pelo fato de ele ter deixado de ir à formatura, embora morasse a apenas quinze minutos de distância? Ou por eu só me lembrar do sorriso dele através da fumaça de uma única velinha apagada ao longo de dezoito aniversários? Um ano se passara entre nós. Desde a última vez que eu vira aquele sorriso torto, o cenho dividido e a voz pragmática, eu me esqueci de toda a minha rebeldia inteligente. Minha amiga, porém, nada sabia sobre o ano anterior ou sobre os anos anteriores. Ela só sabia aquilo em que eu não queria acreditar. Meu pai se fora, e dessa vez ele se fora para sempre.

A notícia era chocante. Algo em mim sempre nutria a esperança de que, um dia, ele me amasse para sempre, e não só de vez em quando. Então, entrei no quarto, deitei na minha cama e enchi meu travesseiro de lágrimas. Não era como se eu não estivesse acostumada à sua ausência. Eu só não sabia como me acostumaria à sua permanência. Mesmo quando saltávamos alguns anos de cada vez, sempre haveria aquela ligação telefônica esporádica e uma retomada em nosso diálogo. E, mesmo que eu não pudesse vê-lo, saber que ele respirava em algum lugar emudecia um pouco a intensidade de meu luto diário.

Provavelmente por causa da pouca frequência com que o via, uma vez que ele se fora para sempre, eu não mais sentiria a falta de meu pai. Talvez eu tivesse de me esforçar mais para sentir a falta de quem nunca esteve presente. Contudo, ainda assim, eu continuava a lamentar a morte da esperança. Agora, qualquer chance de eu chamá-lo de "Papai" estava morta. A vida voltou ao normal depois do funeral. Ali, eu fora lembrada de como eu era uma desconhecida para as pessoas que o conheciam melhor do que eu. A despeito de termos os mesmos olhos, mais de uma vez, me perguntaram: "O que você é do Jeff?", ao que eu lhes respondi, obviamente:

"Sou a sua filha". Sorrir sem jeito, com a mesma cara dele, o trazia de volta à vida. Quando o enterro acabou e os dias subsequentes se passaram o suficiente para eu enxergar, isso trouxe à minha vida uma dificuldade autoinfligida e estranhamente inesperada. Após eu ter perdido meu pai, meu relacionamento com minha mãe diminuiu ainda mais e eu me tornei incrivelmente desrespeitosa. Talvez ela fosse oficialmente minha mãe, mas não passava de outra fonte de autoridade que eu precisava descartar. Estar em casa tornou-se muito duro, com menos tempo passado ali e cada vez mais dinheiro desperdiçado em bolsos perfumados pela maconha; além disso, algumas horas numa cela vieram por eu ter ajudado algumas amigas a vestir roupas que elas não haviam comprado.

Certa noite, depois de meu carro, comprado um mês antes, ser guinchado a um quarteirão de distância da casa de minha namorada, eu estava em sua varanda com outra amiga em comum. Passando o baseado entre nós, balancei a cabeça para o que parecia ser o "encorajamento" de Keisha ganhando vida. "Será que Deus está tentando chamar a minha atenção ao tornar minha vida mais difícil ou algo assim?", perguntei. Soprando a fumaça entre as perguntas articuladas em voz alta, mas principalmente para que Deus ouvisse e parasse com aquilo. "Tipo, será que Deus me quer *tanto* assim?"

Como sempre ocorre com a graça, ele, de fato, queria.

CAPÍTULO 8
2008

A TV ESTAVA LIGADA. A sobriedade era um hóspede indesejável. Na noite anterior, minha namorada e eu tínhamos ficado deitadas com toda a maconha que eu tinha comprado para a semana e fumamos tudo. Por causa de nossa impulsividade, naquela noite não haveria fumo, e minha mente não tinha nenhuma distração. Deitada na cama, a mão esquerda segurando o celular, o lado direito enterrado na parte quentinha do colchão e a mão direita apoiada no ouvido ensurdecido pelo travesseiro. Alguns pensamentos me acometiam entre os anúncios, mas não havia nada importante a dizer.

"A que horas tenho de ir trabalhar amanhã?"

"Vou ter de chamar a *mina* pra pedir carona."

"Como será que a mãe dela está?"

"Minha mãe provavelmente ainda está brava comigo, por eu ter chegado em casa chapada."

"Cadê o controle remoto? Vou ver o que mais está rolando."

"Ela vai ser a sua morte."

Sentei rapidamente, como se tivesse visto um fantasma ou sentido uma mão em minhas costas. O pensamento não era audível, mas, ao mesmo tempo, era suficientemente alto para interromper tudo o mais. Todas as outras conversas dentro de mim se aquietaram, e meu coração ficou pesado como um tijolo. De onde viera tal frase, isso eu não sei. Não consegui mapear sua origem.

"Teria sido o diabo?"

"Não. Acho que eu não sentiria tanta convicção se fosse o diabo."

"Talvez tenha sido *eu mesma*."

"Não pode ter sido *eu mesma*."

"Mas, como está na minha cabeça, só pode ter sido *eu mesma*."

"Mas eu não inventei isso... só APARECEU."

Ou talvez tenha sido Deus.

Imaginei que só Deus diria algo assim. Como uma luz vermelha piscante, ele estava tentando me advertir. Ele estava me avisando da morte. Uma morte, supostamente em breve, por causa de quem eu amava. Aparentemente, eu amava uma mulher até a morte. Será que ele estava me dizendo isso porque queria que eu escolhesse? Que eu escolhesse aquilo que, ao contrário daquela situação, me daria vida?

Ele era vida ou pelo menos era isso que uma vez ouvi um pregador dizer. Se esse fosse o caso, então ele queria que eu *o* escolhesse? Escolher Deus significava que eu teria de deixá-la. Isso não me parecia uma transação justa. Na minha cabeça, escolher Deus seria o mesmo que escolher a heterossexualidade. Isso se tornaria um mandado sagrado. Como a sobriedade para um alcoólatra que renasce das cinzas, pensei: e quem vai querer viver desse jeito, ter um relacionamento com um homem, em nome de Deus?

Agora eu sei o que, naquela ocasião, eu não sabia. Deus não estava me chamando para ser heterossexual; ele estava me chamando para si mesmo. A escolha de abandonar o pecado e assumir a santidade não era sinônimo de ser heterossexual. Do meu entendimento anterior de Deus, conforme diziam alguns cristãos que eu conhecia, escolher Deus significaria, inevitavelmente, também escolher homens. Mesmo que meu gosto por eles se tornasse um jeito de espantar minha homossexualidade sem a ajuda de Deus, eu achava que era isso que mais agradaria a ele. Que, quando ele olhasse para mim, veria uma esposa antes de ver uma discípula. Deus, porém, não era como um capelão de Las Vegas ou uma mãe impaciente, com a intenção de colocar um homem em meu caminho para me "curar" de minha homossexualidade. Ele era Deus. Um Deus que buscava meu coração por inteiro, desejoso de renová-lo. Comprometido com sua transformação à sua imagem. Ao me tornar santa como ele é santo, eu não seria milagrosamente transformada em uma mulher que não gosta de mulheres; eu me transformaria em uma mulher que ama Deus acima de qualquer outra coisa. Se porventura acontecesse um casamento,[7] ou se ficar solteira fosse o meu destino, ele queria

---

7 Para ler mais a esse respeito, veja "Atração pelo mesmo sexo e o evangelho heterossexual", mais adiante, neste livro.

garantir, pela obra de suas mãos, que tanto uma situação como a outra seriam vividas diante dele. (Para minha surpresa, anos mais tarde, o casamento realmente chegou. Mas, no momento em que Deus me chamou, não era para eu encontrar um homem para amar. Nem para viver como se minha atração sexual não fosse real; era para amar a Deus sobre todas as coisas e ao próximo como a mim mesma [Mt 22.36-37]).

O pensamento de morte era tão real que provocou uma confusão imediata em minha mente. Como se o próprio Deus se tivesse lançado em meu mundo, em um gesto imediato, enquanto eu via tudo se despedaçar, sumir, desmoronar, tudo de uma só vez. Minha consciência testemunhava a verdade, e eu não podia mais negá-la. Isso seria perda de tempo, um tempo que eu sabia não pertencer mais a mim. Essa morte estava mais próxima de mim que minha própria pele. O pregador, entre curtos suspiros de tenor, dissera à nossa congregação que o salário do pecado é a morte. Lembrando-me disso, considerei: "Eu já não estava morta havia muito tempo?".

Durante toda a minha vida, eu havia pecado. Mas eu não estava viva — apenas respirava. E Deus quis que eu cresse nisso mesmo antes de que isso tivesse passado. Eu sabia que ele exigia de mim, especificamente, que eu abrisse mão da minha namorada, porém mais do que ela veio à minha mente.[8] *O que mais eu amava que podia representar a*

---

[8] Para saber mais sobre a visão bíblica das relações sexuais com o mesmo gênero, leia: Kevin DeYoung, *O que a Bíblia ensina sobre a homossexualidade?*

minha morte? Eu me perguntava. Certamente, havia mais algozes que eu havia transformado em amantes. Pensando nisso, vieram à minha mente mais pecados. Como é fácil lembrarmos os pecados quando nos damos conta de que já fomos condenados. Como confete que se espalha, pelo teto, de um frasco arrebentado — orgulho, lascívia, pornografia, mentira, desprezo pela autoridade e homossexualidade, tudo isso foi confrontado (esses eram os pecados mais óbvios). Usavam roupas espalhafatosas e sapatos reluzentes. Mas cada um deles vinha de uma única raiz — um pecado orgânico que cresceu, ramificou e se tornou o fruto cheio de sementes de todos os outros pecados.

Incredulidade. Era nesse pecado que eu estava pendurada; culpada, conforme a acusação.

Eu nunca cheguei a mudar o canal. A comoção da TV passava despercebida enquanto a sala agora se tornara surreal demais para ser reconhecida. Eu não sabia como chamar esse momento. A entrega, para mim, nunca fora explicada nesses termos. Não havia bancos de igreja por perto, com música carregada de emoção, para me levar a sair do meu lugar. Nenhum pregador gritava as Escrituras por um microfone sem fio, o braço esquerdo gesticulando em direção a esta pecadora: "Venha". Embaixo de mim, não havia um corredor conduzindo a um altar para que eu abandonasse meus pecados. De qualquer jeito, todos os meus muitos, muitíssimos pecados provavelmente não encontrariam espaço num altar comum.

(São José dos Campos: Editora Fiel, 2015).

Éramos só eu, meu quarto e Deus.

Não mais de vinte e quatro horas antes, eu e minha namorada havíamos deixado nossos fardos onde eram guardados nossos corações. Eu não conhecia santuário mais seguro. Seus olhos, como janelas de vitrais coloridos, traziam para dentro a luz do sol. Ela tornava meus dias mais brilhantes.

Ela era a resposta à oração que Deus me proibira de fazer. Eu a amava, mas, conforme Deus dizia, nosso amor não era diferente da morte. Por que Deus iria querer me impedir disso, pensei de novo — ele próprio não era amor? Ele não era capaz de entender isso ainda melhor? Especialmente porque isso fazia com que todas as suas criaturas se sentissem um pouco mais como ele, sempre que estavam amando.

Por outro lado, se ele era amor, a encarnação do amor, sem a mínima rusga em seu manto, o que é o amor quando os diabos não conseguem interferir, então todos os outros amores devem ser pelo menos um amor menor. Será que Deus não estava querendo que eu passasse o resto da vida acreditando que essas formas menores de "amor" eram a coisa real?

Talvez esse amor, do qual ele está cheio até a borda, estivesse se derramando em seu modo de me tratar. Talvez esse amor o estivesse compelindo, com base na graça — o amor imerecido —, ajudando-me a ver que toda pessoa, todo lugar ou tudo que eu amasse mais do que a ele não seria capaz de cumprir a promessa de me amar eternamente. Nem meu coração fora criado para portar esses amores; ao contrário, eles fariam comigo o que todo pecado faz, separando-me de Deus e, portanto, do amor verdadeiro, para sempre. Essa seria a minha morte.

    Permitir que minha sexualidade me governasse seria uma sentença de morte, como tudo o mais. Antes dessa noite, eu não teria chamado de autojustificação o que me dominava. A turma comum igrejeira, de nariz empinado, saias compridas, andando como se todos eles tivessem nascido salvos, santificados e cheios do Espírito Santo, eram os que cabiam nessa descrição — não eu. Até mesmo suas roupas eram limpinhas. Eles haviam perdido a memória de como Deus não pode ser comprado com boas obras e chapéus grandes. O céu só abria seus portões para aqueles acompanhados por Jesus, mas eles eram o tipo de gente que se convidava para entrar e ainda chamavam isso de justiça.

    Eu, porém — sem nem mesmo saber —, havia sido influenciada pelo mesmo fermento. Se pelo menos eu conseguisse ser hétero e abandonar minha homossexualidade, eu achava que Deus me aceitaria e me chamaria de sua. Tal ilusão era a crença de que apenas um aspecto da minha vida era digno de julgamento, enquanto o resto merecia o céu. Meus outros vícios "não eram tão ruins assim"; eram apenas lutas que *eu* tinha de trabalhar para vencer, em vez de me arrepender.

    Há uma possibilidade de essa espécie de pensamento de autojustificação ser a razão para a salvação evadir-se de tantos homens e mulheres que sentem atração pelo mesmo sexo. Você ouve dizer quanto eles procuraram a ajuda de Deus nessa questão, pedindo que ele os endireitasse, mas ele, conforme dizem, negou-lhes acesso a esse milagre.

Como Deus não tirou seus desejos *gays* para substituí-los por desejos héteros, eles não tiveram escolha senão seguir o caminho para o qual seus afetos os conduziram. O erro é o seguinte: eles vieram a Deus acreditando que somente uma fração deles demanda salvação. Eles têm, portanto, olvidado o reconhecimento de que todo o restante também demanda transformação. É como se viessem a Deus oferecendo apenas um pedaço de seu coração, como se ele não tivesse o direito de tomar todo ele, tudo que nós somos, ou como se aquilo que não entregamos a ele pudesse satisfazer-se sem ele.

Um vasculhar completo de meu próprio coração, conduzido inteiramente pelo Espírito Santo, permitiu que eu visse aquilo que antes jamais teria percebido: eu precisava libertar-me não apenas da homossexualidade, mas também de todos os meus pecados. Eu carecia por inteiro de Deus. Mesmo assim, eu não o conhecia bem. Eu não sabia se, quando abrisse inteiramente meu coração a ele e esvaziasse seu conteúdo de toda forma de segurança e amor que eu conhecia, ele seria suficientemente grande para preenchê-lo por completo. Eu sabia que ele encheria meu coração dele mesmo; ele era um Deus zeloso demais para não fazer isso. Mas isso bastaria? Aquilo que ele chamava de ídolos tinha sido uma espécie de alegria para mim. Nele, eu conseguiria encontrar alegria maior? Ou será que ele não apenas me daria alegria, como também *seria*, ele próprio, minha alegria?

Eu ainda não tinha saído do meu cantinho na cama. Algo santo estava acontecendo ali, naquele momento. O Deus que fez a luz brilhar nas trevas agora estava fazendo isso em mim, levando-me a romper e vencer a cegueira com a qual eu havia nascido. Jesus começava a fazer sentido. Quero dizer, ele é Deus.

O Jesus sobre quem meus professores da Escola Dominical haviam falado conseguia caminhar sobre as águas. Podia fazer o homem do pó da terra e usar terra para desanuviar olhos obscurecidos. Os anjos o adoravam. Satanás não podia vencê-lo. Ele sempre esteve vivo. Em nenhum ponto da eternidade ele precisou de alguém para ser completamente ele. Nada podia ser comparado a ele, no céu ou na terra. Tudo de bom vinha dele.

Nele, sendo bom, e santo, e misericordioso, e zeloso, e sábio, e perfeito, e amor, e incompreensível, e triúno, e surpreendente, e magnífico, e belo, e grandioso, e insanamente maravilhoso, como eu poderia me gloriar em uma coisa criada que fosse feita da mesma substância que formava tudo que eu sou? Como eu poderia viver para algo que fosse feito de modo a não retornar ao que era antes, mas ele, Deus em Cristo, veio do céu por *mim*, entre todas as pessoas.

Quem deu meu endereço à misericórdia? Ou lhe disse como entrar no meu quarto? Acaso esse alguém não sabia que ali vivia uma pecadora? Ao descer pelo corredor, o cheiro dos ídolos não deveria ter impedido que a misericórdia se aproximasse. Então, eu me lembrei do único versículo da Bíblia que eu sabia de cor: "Porque Deus amou o mundo de tal maneira que deu seu Filho unigênito, para que todo aquele que nele crer não pereça, mas tenha a vida eterna".

A mesma Bíblia que me condenava trazia em si as

promessas capazes de me salvar. Eu tinha apenas de crer nela, ou seja, no que a Bíblia diz a respeito de Deus. Jesus tinha em mente quem era culpado quando foi pendurado lá no alto. Do alto da cruz, ele morreu em meu lugar, pelo meu pecado. Ele, de corpo nu, rosto fixo na alegria, tornou-se cordeiro imolado sob a ira de Deus. Poderíamos imaginar que seu Pai teria memória melhor que isso. Ele não sabia que essa ira pertencia a mim? Até mesmo trazia meu nome escrito. Mas ele sabia. Sua justiça não permitiria que ele se esquecesse disso. Seu amor era o que ele queria que eu conhecesse e lembrasse, e foi o que eu fiz.

"O que você está me chamando para fazer, eu não consigo fazer por mim mesma, mas eu sei que você vai me ajudar, Senhor", disse eu a Deus, meu novo amigo. Eu não sabia que confessar minha incapacidade de agradar a ele e dar as costas aos pecados que anteriormente eu havia abraçado significavam arrependimento. Nem reconhecia que minha decisão de crer que ele poderia ser para mim o que ninguém mais poderia ser era fé. Mas era. E, mesmo sem me pedir permissão, um bom Deus veio me resgatar.

SEGUNDA PARTE

QUEM EU ME TORNEI

CAPÍTULO 9
2008

Cheguei ao trabalho no dia seguinte como uma nova criatura. Embora minha alma estivesse bem diferente, minhas roupas eram as mesmas. Meu uniforme extragrande, com paletó abotoado azul-marinho e peitilho preto, não parecia mais normal. Mike, meu colega de trabalho e um grande amigo, me olhou e disse:

"Você está diferente."

"O que você está querendo dizer?", perguntei, levando em conta que minhas cuecas samba-canção ainda estavam à vista e meus seios eram achatados por um sutiã esportivo extrapequeno.

"Sei lá, cara. Você só parece que está brilhando mais." Talvez ele tivesse notado que o véu fora removido, mas não sabia como chamar isso.[9]

Era estranho voltar ao mundo depois do meu encontro com Deus. Apenas dois dias antes, eu flertava com garotas em meu intervalo de almoço. Mas agora eu sabia que Deus

---
9 2 Coríntios 3.16.

estava vendo. Não que ele não estivesse me vendo antes; a diferença era que agora eu realmente me importava com isso.

Pouco depois da correria do almoço, quando as multidões dos que trabalhavam das nove às cinco voltavam para seus cubículos, disseram-me para deixar a seção de preparo de alimentos para ir à caixa registradora. Trabalhar no caixa põe você em contato direto e pessoal com o público — tudo que uma pessoa introvertida como eu daria para evitar. Enquanto eu dizia gentilezas a um freguês com mais perguntas a fazer do que eu tinha paciência para responder, observei uma garota na fila. Ela era linda. Se fosse em qualquer outro dia, eu teria olhado firmemente em sua direção, o suficiente para que ela notasse. Mesmo que a garota não fosse gay, eu sempre me sentia confiante que isso podia ser toda a motivação de que ela precisava. Se ela me fitasse com um sorriso, seria seu jeito de me revelar a verdade a seu respeito sem dizer uma só palavra. Mas hoje eu não podia olhar firme. Bem, eu podia. A salvação não incapacitara meus olhos de funcionar, nem sua beleza de perturbar o ambiente. Sem dúvida, eu podia fazer o que sempre fiz, permitindo que esse corpo me dominasse. Porém, nele habitava outro dono — Alguém que estava envolvido com um túmulo vazio e um Salvador ressurreto.

— ❧ —

Vejam, depois que Jesus foi crucificado, seu corpo foi colocado no túmulo de um homem rico que ainda não havia morrido. A conclusão óbvia de qualquer um que conhecesse a permanência da morte seria que o corpo de Jesus ficaria ali para sempre. Ou pelo menos até virar pó e se decompor. Mas, de modo típico, Deus fez o que disse que faria. Ressuscitaria. Quando alguns dos seguidores de Jesus foram até seu túmulo, alguns dias depois de ele ter sido colocado ali, ficaram chocados ao ver que ele não estava mais naquele local. Mas ele *realmente* estivera ali. Ele estava morto. As coisas mortas não desaparecem. A não ser que o corpo morto não estivesse mais morto, mas bem vivo, como antes. Contudo, isso significaria que algo ou alguém maior que a morte estivera ali para ajudar.

A morte era o Golias que nenhuma pedra derrubaria, e o mar Vermelho que nenhum cajado poderia abrir. Deus havia falado sobre a chegada da morte como consequência certa e inevitável do pecado. Desde o corpo de vida longa, mas ainda morto, de Adão até a morte daquele que afirmou ter mãos indignas e voz que clamava no deserto, a morte reinava. Até Deus vir. Três dias depois de Cristo entregar sua vida, ele, literalmente, levantou-se. O fardo no qual a morte se transformara para todos — tanto os vivos como os mortos — agora fora vencido. Jesus, sem deixar um só lugar com manchas, recolheu o linho que antes estivera sobre sua face, dobrando-o e depositando-o sobre a superfície que antes suportara seu corpo. Talvez isso tenha sido apenas uma metáfora. Todos que entrassem na tumba poderiam ver que Jesus jamais deixa um lugar do mesmo jeito que estava antes de ele entrar.

Algum tempo depois, Jesus apareceu aos discípulos de forma corpórea. Pois não existe ressurreição que não inclua o corpo. Após mostrar suas mãos e seus pés para provar que ele estava totalmente ali, em carne e osso, ele lhes disse: "Eis que envio sobre vós a promessa de meu Pai; permanecei, pois, na cidade, até que do alto sejais revestidos de poder" (Lc 24.49). A promessa e o poder eram idênticos. Jesus prometeu jamais deixar órfãos seus discípulos; ele afirmou que enviaria a Terceira Pessoa da Divindade, o Espírito Santo. E, uma vez vindo o Espírito Santo, eles receberiam poder. O mesmo poder que moveu a pedra do túmulo de Jesus e desvencilhou cada um dos membros das amarras da morte. Certificando-se de não negligenciar coração e cérebro, os órgãos silentes começaram novamente a entoar o novo cântico, e a pele se reverteu e voltou à cor anterior. Os músculos e os ossos recuperaram sua força e seguiram a direção do Espírito, para fora e para dentro da vida. Que ser humano já teria visto poder como este? Admito que fomos revestidos de outras formas de poder, como, por exemplo, quando vemos o mesmo sol se levantar, dia após dia, ano após ano, sem a mínima pista de que um dia vá cair. Ou quando temos o prazer de ver o oceano virando para dentro de si, e indagamos: *O que neste mundo o impede de se voltar contra mim?* Como a água, substância irracional, conhece melhor a submissão do que eu? Ou a gravidade? O tipo de poder que impede a todos nós de nos tornar aves sem asas incapazes de aterrissar. Essas demonstrações terrenas de poder têm origem celestial, Deus (Cl 1.17). E Deus, por meio de Cristo, concedeu esse mesmo poder a mim.

Ela ainda estava na fila. O cara falastrão já tinha saído, mas havia alguns fregueses entre mim e ela. Eu tentava prestar atenção no que a pessoa à minha frente estava pedindo, mas continuei olhando para o sorriso dela atrás daquelas pessoas. Ao mesmo tempo, percebi que havia em mim um conflito de interesses. Ali estava ela, tão bonita quanto poderia ser. Com certeza eu conseguiria fisgá-la, se eu quisesse — e eu queria. Mas eu também queria algo mais: Deus. Em mim, havia essa estranha convicção de haver outro caminho que ele queria que eu trilhasse, outra beleza que ele me criou para apreciar, e eu não sabia o que fazer comigo mesma. Eu era filha de Deus havia menos de vinte e quatro horas, e ele já estava me transformando. *Será que isso é ser cristã?*, refleti. *Seria travar uma batalha silenciosa dentro de si mesmo durante todo o tempo?*

Querer Deus mais do que querer uma mulher era uma experiência totalmente nova para mim. Nem era algo que eu teria considerado parte do cristianismo, quanto mais de ser cristã. Para mim, o cristianismo parecia ser *apenas* uma religião de deveres. Eu tinha visto tantos discípulos que pregavam mais sobre o pecado do que sobre alegria, cujos olhos estavam grudados em constante estado de solenidade, os dentes cerrados e o fascínio sem-fim com a santidade. Por que eles nunca mencionavam o lugar que a felicidade tem dentro da justiça? Ou como tomar a cruz seria uma prática para ter prazer? Ter prazer em tudo que Deus é? Mesmo seu Salvador tinha em mente essa espécie de júbilo quando suportou a cruz. Por que eles não voltavam seu foco para a mesma coisa? Em sua defesa, eles não eram culpados da minha incredulidade. Eu só queria saber se eles tivessem me falado da beleza de Deus tanto assim, se não mais, quanto falavam dos horrores do inferno, se eu não teria queimado meus ídolos em um passo mais rápido.

Fui capaz de desejar Deus porque o Espírito Santo buscava meus afetos tanto quanto procurava minha obediência. O morador que antes ocupara o mesmo espaço tinha a mesma motivação, o objetivo de voltar meu coração para algo (ou alguém), de enchê-lo com ele mesmo. Jesus estava falando de mim quando disse: "(...) a luz veio ao mundo, e os homens amaram mais as trevas do que a luz; porque as suas obras eram más". O pecado tinha minha atenção porque tinha meu coração. Desse modo, eu não apenas suportava o pecado, como também o amava. Deleitava-me nele. Adorava pecar. Encontrava um jeito de entregar um ou dois buquês de rosas a ele, para que soubesse que dominava minha mente. Mas essa capacidade de amar não me foi concedida em vão. Que ninguém diga que, para viver sem pecado, temos de viver sem amor. A intenção por trás de minha capacidade de amar era que isso fosse derramado sobre aquele que é mais belo que tudo o mais neste mundo, e que nele esse amor está seguro. Quando o Espírito Santo fez sua morada em mim, agarrou aquilo que escurecia minha vida e deixou a luz entrar. Agora, eu não só podia ver Deus e sua glória com um sorriso no rosto, mas também enxergava o pecado como o grande mentiroso que é. A luz tem um jeito de acolher a verdade e deixar que ela descanse, o que, por sua vez, significa que tudo que não for como ela é, ainda que convide a si mesmo para entrar, não consegue sentir-se confortável o suficiente para ficar.

Ela estava mais próxima de mim que nunca, e eu não tinha ideia do que deveria fazer. Estava bastante consciente de desejar escolher a Deus, mas eu não sabia como. Mesmo que soubesse, eu seria capaz disso? No passado, eu tive muitos momentos de pós-avivamento em igrejas, quando eu tentava parar de pecar. Porém, um ou dois dias depois, eu passava a ver que o poder de resistir ao pecado era tão frágil quanto um bebê tentando conter um furacão. À minha frente, estava a oportunidade de fazer algo que sempre fora fácil para mim. Minha cabeça estava mais do que pronta a agarrar seu corpo e espremer toda a dignidade disso. Minha boca ansiosa esperava um sinal para seguir em frente. Ela sabia como pedir a outras pessoas para também negar a Deus, junto comigo. Mas eu fiquei ali de pé. Ainda não sabia versículos que pudesse recitar, mas imaginei que eu deveria orar. "Deus, você pode me ajudar? Amém."

Minha cliente do momento estava tentando decidir se queria mais picles ou mais cebolas. *As duas coisas juntas seriam um exagero*, dizia ela enquanto olhava para mim. Enquanto isso, o que outrora realizavam um sumo sacerdote e um cordeiro estava agora ao meu alcance, bem no meio de uma lanchonete *fast-food*. É claro que os que estavam por ali não teriam notado o templo, o véu ou a sala do trono de Deus. Só conseguiam enxergar a mim, a caixa registradora e uma cliente indecisa. Mas eu estava ali, com o rosto e o corpo inclinados diante de Deus. Seus pés estavam a alguns centímetros de minhas mãos, e eu levantei a cabeça para notar que a misericórdia e a graça vinham em minha direção. Antes de eu me dar conta, já estava de volta à mesma tentação e com o poder de alguém mais.

Quando a salvação ocorre na vida de uma pessoa sob a mão soberana de Deus, ela se liberta da penalidade e do poder do pecado. Em um corpo no qual não habita o Espírito, o pecado é um rei implacável de cujo domínio ninguém pode fugir. Todo o corpo, com seus membros, afetos e mente, submete-se, voluntariamente, ao domínio do pecado. Mas, quando o Espírito de Deus toma de volta o corpo que ele criou para si, liberta-o daquele mestre patético que antes o mantinha em cativeiro, abrindo-o, então, para a maravilhosa luz de seu Salvador. Nesse momento, ele se torna *capaz* não somente de desejar a Deus, como também de obedecer a ele. Não é isso que a liberdade deve fazer? A habilidade de não fazer o que me agrada, mas de ter o poder de fazer o que agrada a Deus.

A caixa registradora estava aberta. Olhei para as moedas de vinte e cinco centavos, de dez centavos, de um centavo, para as notas de dólar gastas demais, para os cartões de presentes que estavam ali — qualquer coisa que pudesse me distrair e não permitisse que a luxúria engolisse toda a minha mente. A moça bonita havia feito seu pedido em outra registradora e estava esperando por sua comida. Eu estava sendo sustentada por Deus na sua presença. Essa primeira provação seria o começo de muitas que viriam pela frente — muitas nas quais eu falharia e outras também em que eu venceria, mas, naquele dia, eu aprendi uma coisa: Deus estaria ali para me ajudar.

— ❧ —

Acima de tudo, eu sentia falta de seus olhos. Lembrar-me deles era como me lembrar de tudo o mais. Quando não era ela, era o desejo em si que me deixava louca. Eu só queria *abraçar* uma mulher, só uma vez. Ansiava pela interação que dá às lésbicas seus nomes. Intituladas por um afeto que ainda não havia sido diminuído pelo novo nascimento, mas que, em vez disso, parecia aumentar ainda mais, como se a resistência tornasse a coisa que está sendo resistida um monstro maior do que era antes. Para a minha surpresa, ser cristã libertou-me do poder do pecado, mas não foi capaz de remover em mim a possibilidade da tentação.

Uma mentira comum que se espalha é que, se a salvação realmente ocorreu a alguém que se sente atraído pelo mesmo sexo, essas atrações deveriam desaparecer de imediato. Ser purificado por Jesus, presumem, significa ficar imune à sedução do pecado. Sabemos que isso não é verdade por causa de Jesus. Ele era completamente perfeito, mas, ainda assim, experimentou a tentação: "Porque não temos sumo sacerdote que não possa compadecer-se das nossas fraquezas; antes, foi ele tentado em todas as coisas, à nossa semelhança, mas sem pecado" (Hb 4.15).

Espera-se que qualquer um que queira seguir Jesus como Senhor ainda se encontre pressionado a fazer o que não deve ser feito; que haverá ocasiões em que sentirão nos corpos a tentação de obedecer a eles, e não a Deus. Eu (e todos os seres humanos) tinha a desvantagem singular de haver cedido com tanta facilidade e tanta frequência às paixões do corpo antes de Cristo que, depois de estar sob seu senhorio, aprender a experimentar atração pelo mesmo sexo e não agir de acordo com esse impulso era algo frustrante. Para mim, teria sido mais fácil se, quando Deus me purificou do pecado, tivesse também tirado da minha boca o gosto pelo pecado. Mas Jesus poderia compreender a graça necessária para fugir de um banquete insípido em nível muito mais profundo do que eu jamais poderia.

C. S. Lewis escreveu:

> Um homem que cede à tentação depois de cinco minutos simplesmente não sabe como seria uma hora mais tarde. Por isso as pessoas más, em certo sentido, conhecem muito pouco sobre a maldade — elas têm vivido uma vida protegida, pois sempre cederam diante da força do impulso do mal. Nós não compreendemos quanto esse impulso é mau até procurarmos lutar contra ele; e Cristo, por ter sido o único homem que jamais cedeu à tentação, também é o único que sabe completamente o que a tentação significa — ele é o único totalmente realista.[10]

---

10   C. S. Lewis, *Cristianismo puro e simples*. (Rio de Janeiro: Martins Fontes, 2005).

Entre muitas outras diferenças — uma delas entre mim e Cristo —, tem-se que, em todas as tentações, ele nunca cedeu uma única vez. O pecado jamais podia dizer que fez dobrar os joelhos de Cristo, porque sua santidade impenetrável o manteve de pé o tempo todo. Mesmo nas horas finais que precederam sua morte, quando Jesus poderia ter escolhido outra vontade, ou outro cálice para beber, ele colocou, como sempre, a si mesmo e os desejos de seu corpo sob a belíssima vontade do Pai, mostrando-nos que o corpo não precisa ter a palavra final em nossa vida.

Ainda sentindo falta dela — e, de qualquer mulher, por sinal —, eu me flagrei desejosa de olhar para o céu só para acenar um adeus. Minhas costas, mostrando os sinais de desgaste da cruz que eu carregava dia após dia, estavam cansadas. A terra começava a se parecer com o céu, e Deus, uma nuvem evanescente. De pé, na salinha dos fundos em meu trabalho, eu disse a Deus com minha mente, onde ninguém mais além dele seria capaz de me ouvir: "Deus, eu estou realmente lutando. Quero tanto voltar atrás. Senhor, ajude-me!". Lá estava eu, recomposta por uma interrupção conhecida. Quieta e com os ouvidos atentos, minha mente captou a seguinte frase: "Jackie, você precisa crer que minha Palavra é a verdade, ainda que ela contradiga a forma como você se sente."

A tentação me fustigava como se eu fosse uma boneca frágil nas mãos de uma criança cheia de imaginação. Atirada de um lado para outro entre a diversão e o funeral, em que eu decidiria confiar mais? Naquilo que a tentação queria que eu acreditasse ou no que Deus já me havia revelado? A luta contra a homossexualidade era uma batalha de fé. Ceder à tentação seria o mesmo que ceder à incredulidade. Era preciso decidir se o corpo era mais importante que Deus ou se o prazer do pecado poderia sustentar tudo que eu sou — de uma forma melhor que Deus. Foi incrível constatar como o pecado é real, tangível e persistente, mas também como seu poder é ilusório. Jesus já havia provado que a tentação podia ser vencida, e havia prometido me ajudar quando eu me aproximasse de seu trono de graça com esse pedido.

Eu tinha de crer nele. Sua Palavra era fidedigna, operante e significativa. Nela, Deus falou e nos mostrou como ele é, como é muito melhor que qualquer coisa criada, como ele é digno de ser nossa alegria, nossa paz, nossa porção, e como confiar nele, mesmo que um pouco de cada vez, nos capacita a mover montanhas — sendo a maior delas eu mesma. Essas Escrituras eram uma arma, uma espada que, quando usada, venceria a carne. Minha fé nelas seria um escudo que, colocado à frente de meu corpo, identificaria todos os ataques satânicos que viessem contra mim. Encontre um ser humano vivo e pergunte se ele já mentiu. Você não encontrará ninguém que possa dizer: "Não, eu nunca menti". Mas Deus não é homem que queira ou possa mentir. Tudo que ele diz, que ele já disse, ou que dirá, é verdadeiro. A simplicidade da fé é esta: creia na Palavra de Deus quanto a isso. Talvez eu não tivesse vontade, mas não tinha outra escolha senão crer nele.

CAPÍTULO 10
2008

Novamente, minhas roupas eram emprestadas. Dessa vez, porém, eram roupas de mulher. Não me lembro se eram jeans apertados ou calça social, uma camiseta bem-modelada ou uma camisa de abotoar, tamanho 38, mas lembro bem que eram roupas extremamente desconfortáveis.

Entramos na igreja sem saber o que esperar. Era relativamente pequena — algo como um grande salão, e não um templo típico norte-americano —, o que podia ser uma boa coisa ou não. Os cristãos que eu conhecera no passado tinham um jeito de me olhar como se eu fosse uma espécie de fantasma. Eu nunca tinha visto a mim mesma como uma criatura exótica, intocável, mas você acharia que esse era o caso sempre que eu andava na companhia de "cristãos". Ou eles desconheciam totalmente minha existência ou escolhiam olhar através de mim, como quem evita travar contato com os olhos e, portanto, liberando-se da obrigação de tomar consciência da minha presença. Ou eram do tipo que me olhava e me encarava diretamente — eles nunca falavam, apenas observavam, como uma criança faz com um bichinho. Minha esperança era que as pessoas ali fossem diferentes, diferentes como Jesus.

Eu me esquecera de que as mulheres usam roupas que são sempre menores que seu tamanho natural. Mas eu não queria ter de lidar com os olhares e a vergonha que sentiria se eu viesse vestida como antes, e concordei em ser outra pessoa, pelo menos no guarda-roupa, até que o culto acabasse.

"Bom dia!", cumprimentou uma mulher com um sorriso de manhã de domingo enquanto eu me aproximava de meu assento. "Como é seu nome?", perguntou. "Jackie", respondi. Mantive a resposta curta, pois estava me policiando para não dizer nada mais além do que me perguntassem. Estava ansiosa por essa interação. Mas eu não sabia como seria se eu continuasse falando. Em seguida, ela fez algo que eu não esperava.

Olhou bem nos meus olhos, sem se sentir impedida por meu cinismo, concordou e repetiu meu nome. "Jackie", disse de novo para mim, porém mais para si mesma. Ficou claro que ela não queria esquecer meu nome. Não o deixaria passar como o vento, mas o guardaria bem perto de si. Nunca antes eu conhecera uma estranha que quisesse saber meu nome como se isso tivesse importância. Minha sexualidade havia sido minha identidade por tanto tempo que ter alguém que não me tratasse de acordo com meus pecados assumidos, mas de acordo com a identidade que minha mãe me deu, parecia algo muito bom. Com ela, não me senti como se fosse um projeto a ser consertado, mas como uma pessoa a ser amada.

As duas horas que se seguiram foram repletas de "Aleluias", coleta de dízimos e "Virem as páginas de suas Bíblias aqui e ali". Tudo isso me ajudou a ver outro aspecto dessa comunidade com a qual eu nunca antes me sentira segura, mas, de uma forma surpreendente, não foram as programações ou as pregações que começaram a dissipar minha desconfiança em relação à igreja. Foi a mulher que, eu sabia, lembraria meu nome se porventura eu resolvesse voltar lá.

A comunidade gay é chamada dessa forma por uma razão. É uma comunidade. Um conjunto de pessoas com nomes diferentes, status sociais distintos, hábitos alimentares diferentes, educações diferentes e muito mais, mas com algo em comum que é compartilhado por todos, tornando-os mais parecidos do que diferentes: sua sexualidade. Aquilo que é desprezado pelo mundo à sua volta é um aperto de mão secreto, a piadinha conhecida só por quem está "dentro", o sorrisinho *entendido* que confunde a maioria das pessoas mas une os membros dessa comunidade.

Os que passam o dia num armário saem para brincar quando se veem cercados pela segurança de olhos que não julgam. Os que são livres, aqueles que tiveram a coragem de contar às pessoas que têm o mesmo sobrenome deles, amam de modo diferente do esperado, esses são as estrelas da festa. Depois da festa, porém, todos sabem que devem voltar à terra da heterossexualidade, onde ou o armário os protege do peso da sinceridade, ou é preciso encontrar alguma medida de coragem para ser aquilo que sabem ser. Garanhão, sapatão, entendida, bissexual — talvez essas sejam as identidades distintas que separam as pessoas dentro do grupo, mas todo mundo carrega um único fio condutor que faz de todos um só. Juntos, nós éramos gays.

Desse modo, deixar essa comunidade por outra era algo aterrorizante, especialmente quando a transição estava sendo feita para uma comunidade que parecia tudo, menos segura. Mas o grupo de cristãos que eu começava a conhecer e do qual eu começava a gostar fez mais por mim do que a comunidade gay jamais poderia fazer. Eles me mostraram Deus. A comunidade que, por algum tempo da minha vida, eu chamara de meu lar era cheia de risadas e o que eu rotulara de "vida". Mas a realidade é que minha comunidade gay não tinha vida. Eles eram o que eu tinha sido: mortos. Eles ainda eram portadores da imagem de Deus, ainda amigos e importantes. Eu ainda os amava, mas amava mais a Deus. E eles não podiam me ajudar a amar aquele a quem não conheciam. A diferença entre a comunidade gay e a comunidade cristã não estava na capacidade, no intelecto, no conforto, no humor ou na beleza; a diferença era que, em uma, Deus habitava e, na outra, não.

> Assim, já não sois estrangeiros e peregrinos, mas concidadãos dos santos, e sois da família de Deus, edificados sobre o fundamento dos apóstolos e profetas, sendo ele mesmo, Cristo Jesus, a pedra angular; no qual todo o edifício, bem ajustado, cresce para santuário dedicado ao Senhor, no qual também *vós* juntamente estais sendo edificados para habitação de Deus no Espírito (Ef 2.19-22).

Uma comunidade de pessoas que conhecem Deus não pode ser considerada algo comum. O que eu antes pensava ser um simples conjunto de cristãos banais agora se tornara um milagre em forma corpórea. Toda conversa poderia, em algum momento, ser uma oração atendida ou uma sarça ardente depois do jantar. Essas pessoas haviam sido vivificadas pelo mesmo Deus que eu conhecera algumas semanas antes, e me ensinavam melhor sobre ele do que eu teria aprendido se estivesse sozinha. Deus nos colocou todos juntos e, ao fazer isso, forneceu o meio pelo qual eu aprenderia a me despir de tudo aquilo que minha comunidade anterior me havia falado para usar com orgulho.

— ✣ —

Conheci Santoria na internet. Melhor dizendo, conheci primeiro suas palavras. Uma noite, quando o YouTube me manteve acordada por mais tempo do que devia, tropecei num vídeo com uma mulher de nome desconhecido que tinha as Escrituras jorrando de sua boca como um bando de aves se espalhando — uma asa após outra cortando o céu e o coração do homem com quem ela estava falando.

Ela estava testemunhando de Jesus para um homem. Ele tentava, de todo jeito, fortalecido por uma forma educada de dúvida, voar para bem longe. Essa interação era bem interessante. Eu, como uma novata na fé cristã, não tinha como denominar o que eu via. Eu só esperava que, um dia, meu coração tivesse espaço suficiente para que coubesse nele tanta Bíblia quanto aquela mulher tinha no dela.

A poesia me traria para Los Angeles, onde ela morava. Antes de conversar por horas a fio em sua casa, eu fiz poesia em um evento patrocinado pela igreja na qual Santoria servia como diretora do Ministério de Mulheres. Eu havia mandado, por e-mail, meu testemunho após ouvir mais a respeito desse ministério via YouTube (depois daquele vídeo do testemunho de Santoria, passei a assistir a muitos outros vídeos seus). Por fim, essas mulheres descobriram que eu era poetisa e me convidaram para seu próximo evento de poesia. Antes da minha salvação, eu nunca considerara a arte da poesia algo cuja participação valesse a pena. Eu achava que quem queimava incenso, era amante do *neo soul*, tocava bongo, tinha a pele parda e pensamentos profundos caberia melhor nesse modelo do que eu, até que um desejo aleatório e não solicitado de escrever tomou conta de mim e se recusou a me abandonar.

Quando entrei em seu apartamento, a primeira coisa que percebi foi o silêncio. Quando fui convidada a fazer uma apresentação em sua igreja, o pastor providenciou para que eu ficasse hospedada na casa dela. Ser solteira deixava o apartamento silencioso até que o ministério trouxe para dentro o barulho. Sentamos à sua mesa da cozinha, que estava razoavelmente limpa, exceto por uma pequena pilha de correspondências a alguns centímetros de suas mãos tranquilas. Ela levantava um pouquinho as mãos apenas para arrumar o cabelo. Um dos cachos estava um pouco rebelde. Escuros e compridos o suficiente para, algumas vezes, tocar a mesa, ela tentava se assegurar de mantê-lo em seu devido lugar.

Não se passaram muitos meses até as igrejas locais nas redondezas de St. Louis começarem a me convidar para compartilhar o que eu havia escrito em suas conferências e em seus cultos. As palavras eram um ministério para mim. Se Deus usou palavras para criar homens e mundos e luas e milagres, eu pensei que seria muito bom se, depois de Deus me criar como um ser vivente, pudesse realmente olhar para mim e chamar isso de bom. Bom, como algo que glorificasse a Deus e beneficiasse todas as coisas que ele criou. Mas, conforme já se sabe, quando os seres humanos põem as mãos em qualquer coisa, começam a agradecer a si mesmos por aquilo que foi criado, como se suas mentes não fossem algo emprestado.

Santoria, uma mulher sábia, acostumada a identificar nas pessoas aquilo que elas não conseguem ver em si mesmas, viu isso em mim. Da mesma forma que ela havia dissecado a arrogância do homem a quem ela testemunhara no YouTube, ela notou a mesma coisa em mim. O orgulho desenfreado que eu confundia com confiança ao articular toda frase prolixa sobre mim mesma, minha vida, meus pensamentos, minha sabedoria, meus dons e meu conhecimento amadorístico da Escritura, e qualquer outra coisa me ajudariam a construir o trono no qual eu me assentava. Ela escutava — pacientemente. Dessa vez, as aves voadoras, que se lançavam violentamente sobre aquele homem do vídeo, agora pareciam mansas. Eu estava no lugar dele.

Era um ambiente diferente, mas ainda estava sob a luz daquela mulher; agora não era seu conhecimento das Escrituras que me fascinava, mas a silenciosa confiança que ela exibia em relação a elas.

Santoria não tinha de provar nada. Eu tinha muita coisa a dizer.

O discipulado não era um vocábulo que fizesse parte da igreja à qual me uni depois de chegar à fé. Naquela igreja em que eles se lembravam de meu primeiro nome, eu aprendi sobre o poder do Espírito Santo de entrar em corpos quebrantados e curá-los de dentro para fora. Como ele dava as boas dádivas que, quando descobertas e demonstradas, tornavam o domingo um dia especial. Do púlpito, meu pastor, que antes fora um viciado em drogas, deixava que Deus dissesse o que ele deveria falar, com nossas Bíblias abertas, enquanto orávamos alto o suficiente para que as paredes soubessem que, ali, elas abrigavam cidadãos do céu.

Mas, se me perguntassem como o evangelho mudou minha vida ou quais eram suas implicações para o dia a dia, eu não teria nada a dizer. Se uma pergunta subsequente fosse feita, sobre como o Espírito Santo me dera o poder de andar não apenas segundo o Espírito, como também na santidade através do Espírito, eu consideraria essa linha de questionamento no mínimo reveladora. Em minha breve estada na casa de Santoria, eu me dei conta de que sua vida estava cheia de poder, de uma forma que eu nunca considerei ser possível. Como, por exemplo, quando a incredulidade se aproximava, ela voltava fielmente à Escritura, a fim de capturá-la e estrangulá-la, levando-a a se submeter a uma vontade maior que a dela própria. Era uma mulher muito talentosa, mas não impiedosa. Eu havia conhecido muitas pessoas com dons gloriosos e vidas satânicas, mas essa mulher me mostrou que conhecer a Deus era bem mais do que conhecer a respeito de Deus e fazer coisas por ele; era realmente conhecê-*lo*.

Mudei-me para a casa de Santoria um ano depois de Deus ter entrado na minha vida. Era difícil encontrar o crescimento verdadeiro na igreja que me recebera como uma nova crente. Assim, pela direção de Deus e de seus sábios conselhos, mudei-me para Los Angeles com o objetivo de ser discipulada por Santoria e me tornei membro da igreja que nos havia apresentado. Sua casa era um lugar horrível para alguém se esconder. Dois quartos adjacentes e de bom tamanho ficavam nos fundos do complexo. Havia dois a cinco degraus para sair do quarto, dependendo do tamanho do passo que você dava, na distância do único banheiro que era compartilhado por três mulheres: Santoria, sua colega de quarto e eu. Contudo, não era a superlotação do apartamento que me impedia de preservar minha privacidade. É que Santoria sabia que, para me ajudar, era necessário me conhecer. As amigas tinham me conhecido. O que me agradava, o que me desagradava. Minha afinidade por chocolate com coco e amêndoas, e por usar as meias viradas de dentro para fora. Elas até sabiam das dores que, de vez em quando, me acometiam, sem palavras; só havia lágrimas, as quais eram rapidamente enxutas para que eu não fosse considerada uma pessoa fraca.

Mas o conhecimento que ela buscava era do tipo que reconheceria os grandes e pequenos pecados que eu escondia da luz. E eu não conseguiria matar aquilo que eu não confessasse, ou o que estava em um estágio tão infantil da minha fé. Eu não mataria aquilo que eu acreditava estar me mantendo viva. Quanto a ela e à sua casa, ela se certificaria de que quem morasse ali *faria* exatamente isto. Viver.

Certa manhã, eu me levantei pouco antes das dez. Havia uma loja de pneus nas proximidades que tocava, em alto e bom som, música de *mariachi*, que ressoava e ecoava contra as paredes dos prédios, formando uma espécie de anfiteatro ao seu redor. O sol estava preguiçoso, recusando-se a deixar que víssemos qual roupa ele usaria antes do meio-dia. Mas eu sabia que, uma vez resolvida essa questão, o sol se exibiria com seu próprio estilo californiano. Santoria não tinha TV a cabo, então, na maior parte das manhãs, eu me distraía com as mídias sociais da internet. Antes de me sentar ao computador, percebi que havia um grande livro azul com um recadinho Post-it na capa externa, colocado propositalmente à esquerda do teclado.

Ali, havia o seguinte escrito: "Antes de você abrir o computador, quero que leia e faça a segunda lição deste livro. Conversaremos mais tarde a esse respeito, quando eu chegar em casa. — San".

Após me recuperar da audácia premeditada de Santoria, de saber exatamente o que eu faria quando acordasse, e de interromper isso com algo frutífero, peguei o livro para ver o que ela achava que valia a pena fazer com a minha manhã. O título era *Buscando a Deus*[11]. Irritada, comecei a folhear aquelas páginas e me apressei para terminar tudo antes que ela chegasse em casa. Então, cheguei a uma lição intitulada "Humildade: vindo a Deus em seus termos".

Então, o que isso tem a ver comigo?, pensei em voz alta. Eu estava irritada e me sentindo incapaz de dizer a Santoria que fazer esse exercício era simplesmente um jogo de "Coisas estúpidas para fazer pela manhã".

Sentei no sofá atrás de mim e comecei a ler.

O que eu li era como uma facada. Facas afiadas de aço inoxidável, que só paravam com a quebra de um período ou de um parágrafo. Algumas palavras eram como estilhaços de espelho. Cada corte me mostrava o que meu coração tentara esconder de Deus. Cada sentença me dizia que o orgulho não é exclusivo das pessoas visivelmente arrogantes que eu conhecia; o orgulho também mora dentro de todos nós. E se manifesta de diversas maneiras que só são descobertas quando a Espada do Espírito penetra o osso e o tutano que o abrigam.

"Jackie, a homossexualidade não é seu único problema", disse-me Santoria ao discutir comigo meus recentes diagnósticos de orgulho. "Você vai ter de aprender a morrer para muito mais que isso. Seja a homossexualidade, sejam o orgulho, o medo, a ira, a preguiça ou outras coisas, existe em você muito mais do que um pecado que precisa ser vencido, não se trata apenas de sua sexualidade."

---

11 Wolgemuth & Grissom, op. cit.

Para alguns, pode ser um hábito não apenas ter uma visão compartimentalizada de si mesmos à luz do evangelho, como também ter um conceito compartimentalizado do discipulado. Segundo esse conceito de discipulado, as comunidades de nossas igrejas teriam o objetivo inicial de ensinar homens e mulheres a seguir livres dos gritos estridentes de sua sexualidade partida, mas se esqueceriam de ensiná-los a aquietar todos os demais ruídos que nossa carne faz. Cristo não morreu para nos redimir apenas em partes, nem ressuscitou para que tenhamos apenas porções de vida. Dentro de nós, há um corpo feito para ele, mas também uma mente, uma vontade e uma personalidade, com todas as emoções ali contidas. Nós temos de compreender que Deus quer que sejamos vitoriosos sobre todo e qualquer pecado que nos possa impedir de ser pessoas inteiras que lhe servem de forma livre e completa.

Quase todos os dias, eu recebia a incumbência de ler e/ou ouvir algo com o propósito de compreender Deus mais claramente. Dia após dia, eu aprendia a orar e a lidar com dinheiro, a ler as Escrituras corretamente e a refrear a língua de formas erradas de falar, aprendia sobre a razão pela qual a misericórdia importa e como deixar que essa misericórdia conduza minha vida.

Certa noite, após assistir a uma refilmagem da história de Davi e Golias, eu disse a Santoria que estava lutando contra a lascívia. Como esse era um gigante em si mesmo que me intimidava a escutar sua voz, tratava-se de um pecado loquaz. Sem parar para tomar fôlego, sem desistir de contar quem eu deveria ser e o que eu deveria fazer, ela disse: "Você luta contra a lascívia com o evangelho, Jackie".

"Com o evangelho? Como assim?", perguntei, sem saber se seu conselho tinha em si algo prático. Eu esperava que ela me apresentasse a alguma oração especial para repreender o pecado, e não simplesmente que me fizesse um pedido para lembrar o evangelho.

> Quando Jesus morreu e ressuscitou, deu-lhe poder para vencer o pecado. Literalmente. Tipo, você não precisa ceder mais. Toda vez que você se sentir tentada a pecar, lembre-se da realidade de que Jesus já o venceu. Você não é uma escrava. Está livre. Você só tem de crer e trilhar esse caminho.

Confusa e intrigada como sempre, olhei para ela e disse: "Então, você está me dizendo que o evangelho é tudo de que preciso para vencer o pecado?".

Santoria, cheia de confiança, tentava suprimir a risadinha que crescia em seu peito diante da sinceridade da minha pergunta e respondeu enquanto olhava diretamente para mim: "Sim, Jackie. O evangelho não apenas a salvou. É também aquilo que a guarda".

Em um esforço para ser guardados por algum outro meio, muitos santos se viram em caminhos de autojustificação e boas obras, e não no evangelho. Segundo o evangelho, o Deus santo criou para si um povo, e todos eles pecaram, quebrando suas leis divinas. Ao fazer isso, todos passaram a merecer o juízo que é requerido de um Deus justo, mas o amor de Deus o levou a enviar seu Filho Jesus, Deus em carne, para carregar sobre si os pecados de muitos, sendo julgados como deveriam ser, para que vivam a vida que jamais poderiam merecer. Então, Jesus, investido de todo o poder de fazer isso e muito mais, ressuscitou dos mortos, vencendo a morte, e ordenou que todos se arrependessem e cressem em seu nome. E os que fazem isso pela graça serão salvos e cheios do Espírito Santo, o qual, por sua vez, os selou para o dia da redenção, quando, então, todos os santos continuarão na vida eterna que receberam no dia em que creram.

Algumas pessoas querem que acreditemos na possibilidade de nos graduar no evangelho de Cristo. Tratá-lo como se isso não fosse diferente de alguma vitamina, ou de cadeiras de espaldares altos, ou de aprender a amarrar os sapatos para seguir em frente e fazer coisas melhores com os pés. Mas a realidade é que deixar de depender do evangelho é o mesmo que deixar de depender de Cristo.

> Ora, como recebestes Cristo Jesus, o Senhor, assim andai nele, nele radicados, e edificados, e confirmados na fé, tal como fostes instruídos, crescendo em ações de graças. (Cl 2.6-7)

Eu recebi Cristo pela fé em seu evangelho. Foi no evangelho e por meio do evangelho que eu vi Deus. E, ao ver Deus, pelos olhos da fé, iluminados e esclarecidos pela luz do evangelho, o pecado não pode ser comparado ao Rei da Glória. Eu tinha visto Alguém por quem vale a pena morrer, porque sua morte levantou-me e garantiu que eu poderia morrer para tudo que me impedia de ter Vida.

Como Jeff Vanderstelt disse de forma tão pertinente: "O evangelho não apenas traz o perdão dos pecados e nos livra do inferno. O evangelho de Jesus Cristo nos dá poder para viver toda uma nova vida hoje pelo mesmo Espírito que ressuscitou Jesus da morte".[12]

Como, então, eu era capaz de imaginar que Deus providenciaria outro caminho para que eu andasse livremente sem encontrar seu ritmo no evangelho de Jesus Cristo? Eu não podia presumir que o evangelho fosse apenas uma introdução a Jesus. Eu precisava me ater ao evangelho, meditar nele, confiar nele, crer sempre e diariamente nesse evangelho, com a mesma espécie de desespero revelado que me conduziu a ele na primeira vez. Então, ancorada nesse evangelho, eu estaria segura em Deus.

John Piper escreve:

> O alvo máximo do evangelho é a demonstração da glória de Deus e a retirada de todo obstáculo à nossa visão, para que possamos saboreá-lo como nosso maior tesouro. "Eis o vosso Deus!", esse é o mandamento mais

---

12 Jeff Vanderstelt, *Gospel Fluency* (Wheaton, IL: Crossway, 2017), 205.

gracioso e a melhor dádiva do evangelho. Se não o virmos como nosso bem maior, não teremos obedecido ao evangelho ou crido nele.[13]

Um olhar consistente das Escrituras me faz lembrar o evangelho — desde Gênesis, com suas narrativas do Antigo Testamento de sacrifícios e templos, profetas e sacerdotes que apontam todos para o Novo Testamento e para Jesus, até Apocalipse, com a consumação da vitória final de Jesus, com todos os seus, louvando-o como o Cordeiro que foi morto mesmo quando ele está de pé como Rei vitorioso. Agora mesmo, sua noiva, a igreja local, é uma lembrança constante de sua morte, de seu sepultamento e de sua ressurreição. Enquanto canta sua vitória, ora a seus pés, prega sobre sua beleza, parte o pão e toma o vinho, a igreja lembra como seu corpo e seu sangue nos tornaram a todos livres.

O evangelho de Deus salvou minha vida; e fez o mesmo com outras pessoas. E, ao fazê-lo, minha vida junto à vida delas poderá se parecer mais com ele. Quem era eu para achar que podia parecer o Deus trino, tentando *viver* sozinha.

---

13 John Piper, *Deus é o evangelho* (São José dos Campos: Editora Fiel, 2019).

CAPÍTULO 11
2008–2014

"Não sei mais como *é se sentir* mulher." Eu havia passado algum tempo na frente do espelho e observei que minha feminilidade havia desaparecido. Meus cílios ainda eram suficientemente longos para eu me esconder debaixo deles. Mas não conseguiam impedir que a dureza dos meus olhos afugentasse a beleza que, no passado, costumava espiar através deles. Droga! Isso ainda me assustava. Quem era essa pessoa que estava olhando para mim? Parecia-me familiar. Eu sabia que já tinha visto esse nariz. E aqueles olhos que diziam: "Não me machuquem ou eu vou quebrar por dentro de novo". Eu os via nos rostos da minha mãe e do meu pai, mas era impossível essa pessoa ter o sangue deles. Eles tinham uma filha. O que estava ali de pé me encarando não era a menina que eu via nas fotos da família. Ou ainda era ela?

Um ano antes de me mudar para Los Angeles e um dia depois de o Espírito Santo ter feito morada em mim, eu estava cumprindo a dolorosa tarefa de romper o namoro com minha namorada. As lágrimas dela eram altas demais para que eu ouvisse sem lastimar. Eu a ouvi enxugar o rosto. Depois de suspirar sua dor, a confusão de tudo isso abriu sua boca e ela perguntou: "Por quê? Por que você está fazendo isso?". Essa pergunta fazia sentido para ela. Ela sabia quanto eu a amava, como meu rosto ficava infantil quando ela estava por perto, com um enrubescer diferente que coloria apenas o jeito como meus olhos espelhavam isso, sem alterar minhas bochechas. Ela nunca tinha visto pessoalmente meu coração, mas o conhecia pelo nome.

Deixá-la, deixar nosso amor, nada disso fazia sentido fora da obra divina de Deus. Ela era minha mulher e meu ídolo. Uma deusa desqualificada sem um grama de divindade. Ela era o olho que Jesus disse para arrancar e a mão direita que ele mandou cortar (Mt 5.29-30). Embora fosse tão doloroso quanto o ato extremo de remover uma parte do corpo, era melhor perdê-la do que perder minha alma.

"Eu... preciso viver para Deus agora", disse eu, com a voz sufocada pelas lágrimas, acabando com "nós" e o que parecia ser minha própria anulação. Uma nova identidade estava prestes a vir quando eu desliguei o telefone. Pensei no espelho e no quanto eu me havia esquecido de como eu era antes. Como a pessoa que estava ali na minha frente não parecia minha mãe ou a filha que ela criou. Na noite anterior, ao ver Deus, eu também desejava saber para onde aquela menina em mim fora e se ela conseguiria voltar. Ser mulher era uma coisa que eu não sabia mais ser, mas será que algum dia eu soubera isso?

Uma semana já se passara desde que eu me tornara uma nova criatura, mas, por fora, poucos reconheciam a diferença. Eu não tinha nada comprado em uma seção de roupas femininas, nem mesmo queria fazer isso. Eu vestia o que tinha até ganhar dinheiro suficiente para comprar o que honrasse aquilo que eu era. Começando por coisas menores, eu comprei um sutiã de verdade. Um que afirmasse o jeito que Deus criou meu peito, e não que escondesse tudo. As cuecas samba-canção, embora confortáveis, seriam totalmente inúteis para mim. Comecei a deixá-las de lado toda manhã e vestia roupa íntima feminina, o que, inesperadamente, ajustou a forma como minhas pernas faziam todo o meu corpo se movimentar. O jeito duro como eu costumava começar o dia ia sendo suavizado, como uma cantiga pintada com os dedos. O ato de fazer algo tão secreto e sutil, como, por exemplo, usar a lingerie que outras mulheres costumam usar, começou a modelar em mim a menina havia muito esquecida. Era um ritual diário de arrependimento — a primeira pedra de dominó de uma longa fileira pelo resto do meu dia. Ninguém me conhecia tão bem quanto eu. Mas todo mundo podia notar que algo estava diferente, mesmo que não soubessem do que se tratava.

Eu estava do lado de fora da loja *Forever 21*, irritada como nunca. Os pequenos ajustes feitos secretamente, porém, não eram nada em comparação com o que viria em seguida. Nessa loja, nos cabides, dobrados sobre as prateleiras, experimentados, comprados e devolvidos, estavam mais do que tecidos em formato de blusas: era uma nova identidade — um novo jeito de me apresentar ao mundo. Entravam garotas e mais garotas na loja, com sorrisos largos, prontas para gastar e portar sua feminilidade em sacolas amarelas reluzentes. Havia um quê de normalidade nesse prazer. Comprar um vestido floral de verão ou calças jeans apertadas e rasgadas nos joelhos que ajudavam a deixar os quadris em destaque não era uma realização monumental, nem mesmo um ato aterrorizante de recuperar a feminilidade. Era tudo que elas sabiam ser — meninas que gostavam de ser exatamente isso e com as quais eu não conseguia me identificar.

Todo esse cenário me fez querer correr para outro lugar com roupas nas quais eu pudesse me esconder e nunca ser encontrada, um lugar no qual aquela garota insegura, incerta quanto a seu corpo e por que Deus o dera a ela, poderia ser deixada em sua própria confusão, em vez de ser forçada a lidar com isso. Mas, então, concluí que eu tinha feito coisas muito mais difíceis do que mudar o visual. Se eu podia abandonar o amor da minha vida pelo Amante da Minha Alma, mudar as roupas, embora fosse algo difícil, não seria tão horrível quanto parecia ser.

Dentro da minha reluzente sacola amarela, havia uma camisa azul de manga comprida com botões cor de mármore e rosas vermelhas nas laterais. Além disso, havia duas calças jeans apertadas, uma blusa de malha fina cinza e um colete cor de vinho forrado de lã branca. Agora, eu tinha minhas *próprias* roupas para vestir que, quando fossem usadas, seriam como uma espécie de batismo para mim. Embora minha imersão em algo tão natural quanto usar roupas femininas não fosse me purificar do meu jeito masculino de antes, assim como a água não purifica os pecados, seria uma espécie de declaração. Um grito simbólico dizendo que a mulher outrora perdida havia sido encontrada. Ela fora resgatada e voltara a viver. E o fato de ela ter voltado à vida não deveria ser escondido por roupas que contavam outra história de criação ao mundo, uma história que desprezava as distinções do seu corpo. Despir-me de roupas que projetavam uma imagem diferente daquela com a qual eu nascera não seria uma tentativa de salvar a mim mesma, mas, acima de tudo, uma atitude para lembrar a mim mesma quem eu fui criada para ser.

A feminilidade é algo estranho, pelo menos para mim. Possivelmente a forma como foi definida para, então, ser apresentada a mim não era como havia começado ou tencionado ser. Quando eu era menina e já tinha idade suficiente para ouvir, vinha em uma embalagem diferente, como um jogo de telefone sem fio. A mensagem sussurrada inicialmente por Deus foi entendida de forma equivocada, intencional e acidentalmente editada e depois enviada a mim como a fórmula para ser mulher neste mundo. Mas, quando eu a recebi, soube que não era viável para *mim*. Eu era agressiva demais para ser do tipo de mulher submissa que me disseram que Deus gostava. Minhas arestas eram ásperas demais para me qualificar à forma suave com a qual os homens queriam se casar e ter seus rebentos. Essas mulheres não se pareciam em nada comigo. Eu não conseguia encontrar uma só característica em suas vozes límpidas ou na forma delicada e sem gravidade como elas entravam nos cômodos. Eu era dura demais, malvada demais, declaradamente certa demais de minhas palavras, pesada demais para ser subjugada, muito diferente da cor de rosa, cinzenta demais, normal demais para ser notada e parecida demais comigo mesma para ser uma mulher como todas as outras.

Não causava surpresa, portanto, que eu não tivesse a mínima ideia de quem eu era, pois, sem me dar conta, eu passara toda a minha vida olhando para um estereótipo, e não para Deus. Ele (e não as caricaturas mal elaboradas pela cultura) seria honesto e fidedigno comigo quando me falasse sobre feminilidade, porque foi ele quem me fez e fez em mim *essa qualidade*.

Elisabeth Elliott escreveu:

> Para compreender o significado de feminilidade, temos de começar por Deus. Se ele, na verdade, é o "Criador de todas as coisas visíveis e invisíveis", certamente é responsável por todas as coisas, visíveis e invisíveis, estupendas e minúsculas, magníficas e triviais. Deus tem de ser soberano sobre todos os detalhes se é o responsável por todo o projeto.[14]

---

14 Elisabeth Elliott, *Let me be a woman* (1976; Carol Stream, IL: Tyndale, 1999), 8.

Ser mulher não era exatamente algo que eu precisasse aprender. Eu já era mulher. Não é útil pintar um quadro da feminilidade que só envolva o comportamento, e não como esse comportamento envolve o corpo. Eva foi chamada de mulher antes mesmo de se comportar como tal. Embora, biologicamente, eu fosse mulher, eu precisava aprender a ser mulher de forma plena, pois isso significaria espelhar Cristo tanto no corpo como no comportamento. E, à medida que eu fosse conhecendo melhor a Deus, ele certamente me mostraria como isso seria.

— ❧ —

Lembro-me de ver quando Jesus entrou no templo. Numa área onde estavam as mesas. Atrás delas, homens de mãos rápidas e olhos grandes. Algumas pessoas que, nitidamente, não eram nativas daquele solo no qual pisavam estendiam as mãos, abriam os dedos para revelar as moedas de seu próprio país de origem. Os comerciantes, com movimentos rápidos e urgentes, como se estivessem filtrando o fluxo no templo para dar lugar a mais gente, colocavam nas mãos dos fregueses outras moedas. Essas moedas locais permitiriam que eles comprassem aquilo que os trouxera até o templo: um sacrifício. Eles, porém, não tinham de se distanciar muito dos cambistas para obter um sacrifício; bastava ir caminhando até o barulho das aves frustradas batendo as asas contra as gaiolas de metal.

O povo viera adorar e precisava de algo sem defeito, diferente deles mesmos, para colocar diante de Deus. Esperavam que matar um pomba branca soasse como música ao ouvido de Deus, no lugar do estardalhaço de seus pecados, mas, quando Deus chegava, a visão que tinha diante de si em nada se parecia com aleluias. Nem mesmo soava como no céu. Então, Jesus, cheio do Espírito Santo, foi até a mesa na qual os cambistas estavam negociando, como de costume. Suas mãos, as mesmas que haviam removido o véu de dois pares de olhos cegos, de toque veloz e apaixonado, ergueram a mesa daquele lugar. As moedas voaram, reluzentes, como diversos países iluminados. Os que vendiam as pombas viram-se removidos de suas cadeiras, na medida em que seus assentos iam voando. Jesus, controlado e despertado por tudo que era reverente, lembrou a todos que tinham ouvidos para ouvir a quem pertencia o templo e o que deveria estar ali. Aquele lugar era de Deus e, portanto, lugar de oração.

A certa distância, Jesus podia ter sido acusado de muitas coisas. Uma delas, de virar as mesas e as cadeiras do templo, especialmente na frente dos visitantes. Essa não era a descrição do "Jesus meigo, manso e suave", que talvez tenhamos aprendido na Escola Dominical. Mas afirmar algo assim seria chegar perto de cometer blasfêmia. Como se, em qualquer época, no céu ou na terra, Jesus pudesse parar de produzir os frutos do Espírito — Jesus, durante todo o tempo, era pleno, mesmo do jeito zeloso como ele dobrou o templo de volta aos joelhos, andando em mansidão.

Para uma mulher como eu, essa visão de Jesus desmontava a noção de que, para alguém ser manso, como Deus ordenou por intermédio de Pedro, significaria ser relegado à posição de "capacho". Melhor ainda, uma mulher que tratasse sua voz como se fosse um grande segredo. O modo como Jesus foi impelido por seu compromisso com o Pai e a verdade. Da mesma forma, ter um espírito manso e tranquilo — um chamado feito às mulheres — não significava que eu tivesse de abandonar tudo que eu sou, seguir hesitante pela vida ou silenciar minha personalidade em nome da obediência. Ao contrário, significava que eu podia ser a mulher que Deus me criou para ser, enquanto estivesse ancorada na verdade e controlada pelo Espírito. Quando fosse conduzida por ele, no momento em que quisesse colocar meus direitos acima de sua honra, a humildade colocaria suas mãos sobre o meu coração, mantendo-o calmo e assentado em paz, até ter em mente o que valeria a pena dizer ou fazer em amor. Com um desejo profundo de que aquilo que pertencia a Deus fosse reconhecido e respeitado.

Entender o que significa ser uma mulher mansa me ajudaria a desembaralhar todas as outras ideias equivocadas de maus interlocutores sobre o que significa a feminilidade para mim. Ao olhar para a Palavra de Deus sobre como ser mulher, descobri o que Deus intentava quando me deu esse chamado. Foi da imagem de Deus que nasceu a feminilidade. Não das fotos Polaroid dos anos 1950, de mulheres brancas assando biscoitos enquanto conversavam com a voz suficientemente alta para ser ouvidas, e calmas o bastante para não chamar a atenção para seus intelectos. Nem disso nem do retrato de mulheres exaustas e determinadas que falam *aos* homens como se eles fossem crianças negligentes ou cães traiçoeiros nos quais não podem confiar se não tiverem um chicote na mão. A autoproclamada "mulher livre" estava longe de ser o retrato que Deus tinha o objetivo de me tornar. O templo usado corretamente era importante para Jesus, e eu sentia que havia uma paixão compartilhada por minha feminilidade. A forma como eu agia em relação ao mundo como mulher importava para Deus. E isso começou a ser importante para mim quando me descobri grávida de uma menina.

— ✤ —

Fiquei grávida em minha lua de mel.

Cinco semanas depois de me tornar uma só carne com o único homem que *conheci*, um teste com duas linhas simétricas seccionou meu mundo ao meio. Eu ainda era uma esposa nova, com um novo sobrenome, inusitadamente confiante em que meu passado não ditaria a palavra final sobre meu futuro. Contudo, eu não esperava que um bebê encontrasse caminho para ser incluído tão cedo nesse novo mundo. Imaginei que seria melhor para eles e para mim se escolhessem chegar depois de eu ter aprendido a abraçar mais e a chorar menos silenciosamente. Na noite depois que o doutor nos disse que meu corpo carregava uma menina, eu chorei.

Vou ter uma menina?! Pensei. Eu nem mesmo sei como ser uma. Meu marido, deitado a meu lado, dormia como se o mundo nem mesmo se movesse enquanto ele sonhava, mas eu fitava o teto, com medo do amanhã. Eu sabia que minha versão de feminilidade seria o modelo que minha filha iria inserir em sua própria feminilidade pessoal. E que minhas palavras não teriam tanta importância quanto minha vida.

Em meu viver, amar, falar, no meu silêncio, em minha submissão, nos meus movimentos modestos, modelando a bondade de Deus em meu gênero, minha filha aprenderia isso em primeiro lugar comigo. Naquela noite, recém-casada e na iminência de me tornar mãe de uma menina criada à imagem de Deus, eu decidi que, se pudesse ensinar qualquer coisa à minha filha sobre ela mesma, seria que, porque um bom Deus criou a mulher, *ser* mulher era uma coisa *boa*.

No dia seguinte, comecei a viver de acordo com isso.

CAPÍTULO 12
2009-2014

ELE ERA ATRAENTE, MAS eu não me senti atraída. Podia ver por que as mulheres haviam sido espinhos para ele. Eu era cristã havia menos de um ano, e os homens não chamavam minimamente a minha atenção. Se dependesse de mim, pelo menos naquele ponto da minha vida, eu gostaria de me apossar daquela coisa estranha nas mulheres que as faz suspirar quando veem um homem de lhes tirar o fôlego. Como elas procurariam uma amiga e lhe diriam para olhar o rosto dele. Então, perguntariam: "Ele não é muito fofo?". Esperariam a resposta da amiga com um sorriso, ao mesmo tempo, inexpressivo e que dizia: "É isso aí, garota!". Esses momentos comuns de atração compartilhada entre amigas talvez me envolvessem algum dia, mas, até então, eu só queria conhecer esse poeta de Chicago porque sua história lembrava a minha.

Ninguém ficou quieto. Os dedos estalavam. As mãos seguiam o molde dos tambores e enchiam de música o ambiente. Não havia um pandeiro à vista, mas ninguém teria notado a diferença. Na medida em que os braços, afirmativos e selvagens, balançavam em direção ao teto, todo mundo ali sentia a vida que procurava oferecer. Às vezes, havia risos. Outras vezes, lágrimas. Aqui, a humanidade tinha um lugar aonde ir. Aqui, a verdade tinha orgulho de si mesma. Aqui, era possível dizer que não havia vergonha. A verdade falava a todos nós quem ela era e por que pertencia àquele lugar, e nós amamos isso.

O palco era o centro das atenções. Um microfone — e, em geral, um poeta atrás do microfone. Esses artistas eram mágicos em transformar frases e expressões em cenários que às vezes sobrevoavam sobre nossas cabeças, dando-nos vislumbres de um outro mundo. Os próximos a subir ao microfone eram dois poetas de Chicago, um outro mundo para a maioria que estava ali, inclusive para mim. Eu tinha ouvido histórias sobre lá haver mais marcas de tiros do que casas, e como a polícia não protegia ninguém, exceto a si própria. Em algum lugar, de algum jeito, eles haviam esquecido de mencionar a beleza, e como ela vivia em Chi-town[15] também. Ela era a razão para Martin, Ali, Barack e Michelle, todos eles a chamarem de seu lar, em determinado momento de suas vidas. Até mesmo Deus estava lá. É claro, ele não tinha endereço; nem mesmo tinha um lugar para repousar a cabeça enquanto esteve em Jerusalém, mas isso não o impediu de habitar a cidade grande à beira do Lago. Ele havia chamado centenas, talvez milhares, de pessoas entre o Lago Michigan e os limites

---

15 N. E.: Chi-town é um apelido para a cidade de Chicago.

da cidade, e os transformara em uma casa suficientemente santa para ele viver. E, do meio desses cristãos, vieram os dois poetas que subiram ao palco em Los Angeles.

Eu tinha ido ali me apresentar, mas tive de esperar no final da fila. Enquanto a multidão batia palmas com força suficiente para fazer os poetas se sentirem bem-vindos, eu notei um deles. Ele chegou hesitante ao microfone. Não tímido, mas dava para notar que ele não tinha certeza se o que ele tinha a dizer combinaria com a cor de sua pele, que parecia café carregado de cafeína — do tipo forte que faz uma sala inteira acordar. Então, começou a falar, e sua voz me pegou de surpresa. Eu não esperava que soasse tão pesada. Não podia deixar de prestar atenção em tudo que ele dizia. Estava declamando um poema sobre seu passado — um passado cheio de mulheres com quem nunca se casou, algumas que ele mal amava, mas com todas ele se deitara nu. Seus pecados perdoados estavam diante de nós, e estava claro que ele tinha orgulho da graça de Deus. Ele se referia à promiscuidade como algo que pertencia ao passado. Não se esquecera de uma parcela sequer do que havia feito; ele queria que nós soubéssemos que Deus se lembrou de sua misericórdia quando pensou nele.

— ❦ —

Preston tornou-se meu amigo depois de me enviar uma mensagem pelo Facebook pedindo meu conselho sobre uma poesia que estava escrevendo. Eu morava em Los

Angeles. Ele estava em Chicago. Mas nós conversávamos como se nossas cidades estivessem a três quarteirões de distância. Quase toda semana, ficávamos conversando horas a fio sobre tudo que se passava debaixo do sol. Desde como meu pai me deixou pendurada mais do que um fruto estranho até como a mãe dele achava que a rua acabaria comendo-o vivo. Ele me contava coisas bobas também, como, por exemplo, quando sua professora da quarta série não o deixou ir ao banheiro, desafiando-o a dar outro jeito se ele continuasse respondendo a ela. Ela não sabia que abrigava um menino destemido em sua sala de aula (ou provavelmente não se importava com isso). Ele tinha visto demais na vida para ter medo de ser suspenso, então abaixou as calças e se aliviou na frente de todos na sala, dentro do cesto de lixo, debaixo do apontador de lápis. E, desde então, não havia mudado muito. A maturidade cerceou a rebeldia em seus ossos, mas a ousadia não planejava ir embora tão cedo. Eu ouvia isso em toda história que compartilhávamos. Ficava pousada em sua língua e voava para dentro de tudo que todo mundo temia, inclusive eu.

"Os caras têm medo de você."

"Mas por quê?" Olhei para ele sem pensar em como meu tom soava acusatório, e não indagador. Preston tocava a tela do celular, movimentando o dedo indicador, simultaneamente, para cima e para baixo, procurando qualquer coisa que o mantivesse longe de seu déficit de atenção. "Sei, não. Eles só dizem que você os intimida. Tipo, acham que você é bonita, mas ficam com medo de se aproximar."

Com frequência, mais pessoas do que eu gostaria de reconhecer diziam que meu rosto parecia mais solene do que seguro. Comentavam sobre meus olhos, sobre como falavam mais do que a minha boca. Essas pessoas achavam que ouviriam meus olhos dizerem a elas: "*Vão* embora" ou, então, "Quem mandou vocês se aproximarem?". E era isso mesmo que diziam.

Mas eles eram mais falastrões do que as pessoas poderiam lhes creditar, provavelmente porque ninguém perguntara a meus olhos como haviam adquirido esse jeito. Se alguém tivesse feito essa pergunta, eles teriam contado da ocasião em que olharam para meu pai enquanto ele me dizia, com a voz mais calma do mundo, que não se importaria nem um pouco se eu nunca mais falasse com ele. Ou da ocasião em que viram toda a minha turma de terceiro ano tornar-se um bando de praticantes de *bullying* de oito anos, atacando-me, condenando-me por causa do meu cabelo, do espaço entre os meus dentes, da minha pele, do meu rosto, da minha expressão de choro, da "minha cara escondida nos meus braços", meu semblante que indagava: "Por que não me deixam em paz; não sabem que já acabaram comigo?". Meus olhos sabiam por que eu os impedia de sorrir mais. Eu tinha medo do que as pessoas fariam se descobrissem que eu podia quebrar. Levantando os olhos da distração da telinha em sua mão, Preston olhou para mim. Eu estava sentada num sofá vermelho vivo à sua direita. E ele disse, de forma displicente: "Mas isso tá furado porque eu não tenho medo de você. Eu acho você fantástica".

Preston não sabia que era isso que o tornava diferente. Distinto. Destacado. Ele me via como Deus me via, uma mulher com muito mais bagagem do que tinha forças para suportar, mas que ainda continuava seguindo em frente, em alguma direção. E ele não tinha medo de ser meu amigo ao longo desse caminho. Seu senso de masculinidade não se abalava quando entrava em contato com minha complexa feminilidade.

Era difícil não notar que Preston era diferente, e observar que eu mesma esperava muito dos homens em geral. Isso não combinava muito comigo depois de toda uma vida acreditando que os homens não eram diferentes daquele rapazola que abusara de mim, bem como do meu pai, que falhara comigo, mas Preston me mostrava outro lado. Havia ocasiões em que a compaixão de Preston me chocava. Ele tinha um *verdadeiro* interesse pelas pessoas, mais do que consigo mesmo. Quem imaginaria ser possível um homem *amar*, ter um coração que permitia a entrada de outras pessoas, uma mente que escolhia se importar com outras coisas que eram importantes para outras pessoas? Ele lembrava os aniversários, os nomes do meio e os pedidos de oração da semana anterior, perguntando, na segunda-feira, como você estava passando, como se tivesse acabado de conversar com Deus a seu respeito antes de ir para o trabalho. Puxa, e eu pensava que Jesus era o único homem que praticava o que pregava, mas Preston era um sermão sem palavras! Seu caráter começava a desintegrar, bem lentamente, os tijolos do muro que a dor havia erguido em mim e que tentava manter o medo do lado de dentro e a beleza do lado de fora. Enquanto isso acontecia, meu coração inspirou profundamente e expirou um afeto que tinha um nome. E eu não tinha ideia do que fazer com isso.

"Santoria, acho que estou gostando do Preston." Dizer isso em voz alta soava meio estranho. Como se eu fosse a primeira pessoa a dizer "Eu amo você". Eu havia contado a ela não apenas porque queria seu conselho, mas porque queria que ela me dissesse como fazer isso morrer. Essa atração, na minha opinião, podia estar vindo de algum lugar nada santo. Ou talvez até mesmo algo menos urgente do que a moralidade — talvez eu estivesse apenas entediada.

Eu já era cristã havia quase três anos, e podia estar sentindo falta de um *crush*, de ter alguém enviando mensagens a qualquer hora do dia, falando sobre nada e sobre tudo, enquanto as amigas notam que a gente está sorrindo ao celular e perguntam o nome dele. Talvez meu coração só quisesse *isso*, e não o Preston. Se fosse isso, seria fácil voltar a atenção para outro lugar, para algo menos assustador, mas que fosse capaz de me distrair do mesmo jeito — como livros, poesia ou algo que não tivesse um pulso. Mas, se isso *fosse* um desejo verdadeiro por *ele*, e não apenas a ideia dele, eu, e não isso, teria de morrer para o medo que estivera vivo em mim desde que eu consigo me lembrar.

"Fale com Deus a esse respeito", disse Santoria. Teria sido estranho se ela não tivesse trazido Deus para o assunto, de algum jeito. "Se for por outro motivo, Deus vai lhe mostrar. Se for uma atração real, Deus vai ajudá-la."

Foi isso que eu fiz.

Passou um ano sem que eu dissesse uma única palavra a Preston sobre meu sentimento e muitas palavras a Deus. Durante o silêncio, nós nos víamos com frequência, principalmente nos eventos de poesia em Chicago ou Los Angeles. Antes e depois, ainda ríamos juntos até a lua ir dormir e, rapidamente, mudávamos o assunto para um debate sobre teologia, que, eventualmente, nos levava a trocar histórias de nossas infâncias. Essas histórias tornavam-se um diálogo sobre sonhos ainda não realizados.

Com a quantidade de tempo que se passou e a firme corrente de orações enviadas ao céu, eu imaginava que o afeto que se desenvolvia havia um ano iria dispensar a si mesmo. Mas ele escolheu crescer. Não como ervas daninhas. Ervas daninhas seriam uma descrição feia e indigna do que meu coração estava fazendo comigo. Esse crescimento foi o que Nikki Giovanni, poetisa norte-americana, descreveu ao falar da rosa e de como ela nasceu do concreto. Concreto era do que meu coração era feito se Deus não o tivesse reabastecido de carne. E o que saiu dessa operação não era esperado pela própria rua nem pelo mundo no qual estava situado, mas cresceu assim mesmo. Não precisava de permissão — apenas de graça. Somente Deus podia fazer algo assim tão estranho. Fazer algo belo surgir do chão. Ele fez isso antes com seu corpo e, agora, estava fazendo com o meu, como uma rosa brotando do concreto, fazendo crescer meu amor por um homem.

Não por *qualquer* homem ou por todo homem, mas por um homem chamado Preston. No começo, essa atração nascente dizia respeito mais a ele, e não ao seu gênero. Meu afeto pela pessoa que ele era acabou por produzir em mim o desejo por *tudo* que ele era: sua personalidade e sua masculinidade. Uma ideia estranha e difícil de se entender quando se está acostumada a ver flores saindo de lugares melhores, mas, assim mesmo, ela era linda.

Eu sempre me perguntava se as pessoas percebiam que eu falava com Deus a respeito de Preston. Tentei ao máximo manter as coisas que eu falava com Deus distantes de meu corpo. Eu sempre vi como as amigas deixavam seus dentes revelarem o que elas pensavam. Um sorriso na direção do homem que elas queriam que as amasse revelava todos os seus segredos. Os meus estavam ficando difíceis de esconder quando Preston aparecia. Eu me sentia tentada a fitá-lo por tempo demais, a manter minhas mãos perto das dele, a pedir abraços muito antes da hora da despedida e horas depois de já termos dito "Até logo". Minha expressão facial impassível estava se esforçando demais para fazer seu trabalho e, então, uma noite, quando fui embora para casa, conversei com Deus a esse respeito.

Sentada em minha cama, na mesma posição em que me encontraria se estivesse pronta para uma rodada de cartas, eu disse: "Deus, não sei qual é a sua vontade para mim quanto ao Preston, mas, se for nos unir, coloque isso em seu coração para que ele me procure. Porém, se não for essa a sua vontade, Senhor, dê-me autocontrole suficiente para tratá-lo como um irmão em Cristo, e não como uma paixão". Deus ouviu a oração e já estava respondendo semanas antes de eu fazer esse pedido. Ele já havia interrompido as orações de Preston, inserindo-me nelas. Mostrando-me a ele enquanto orava pedindo uma esposa. Dizendo-lhe que éramos mais do que pensávamos ser, e como o próximo passo seria chamar pelo nome certo aquilo que era, dizendo-me a verdade. E foi o que ele fez.

Eu jamais ouvira tanta insegurança na voz de Preston. Lembrava-me alguém atravessando uma rua movimentada. Com seu rosto fixo em caminhar para a frente, mas suas pernas pressentindo que os carros estão vindo, eles sabem que a única coisa que os separa de um acidente é continuar com a travessia. Preston estava cruzando um território desconhecido. Não tinha ideia de que eu gostava de olhar para ele e queria sentir suas mãos, e abraçá-lo sempre que tivesse vontade. Ele só sabia que eu era a única mulher a manter sua atenção. Meu jeito de entrar nos ambientes não o assustava. Ele só sabia que gostava do meu rosto e da minha mente. Tinha prazer em me ouvir falar e confiava no que eu lhe dizia. Ele sabia que eu seria sincera. Sabia que uma mulher mentirosa não merecia seu coração. Muitas haviam visto seu corpo, mas esse coração fora impedido de ver a luz do dia, porém, quando Deus lhe disse "Siga em frente", ele obedeceu.

Seguir adiante era uma batalha que, até então, eu não conhecia. Eu não estava viva durante as guerras. Não tivera a oportunidade de ouvir o avô de alguém contar o que vira. Como isso o acordava à noite. Como o trovão o fazia sentir que o inimigo havia descoberto seu esconderijo, e como a chuva martelando contra a janela parecia o som de balas disparando sem parar. Como, quando seu filho mais velho ainda era um bebê, ele confundia certos sons em sua cabeça. Às vezes, era difícil distinguir se o que ele ouvia na outra sala eram seu choro ou se outro soldado de sua tropa havia perdido a perna. Como, às vezes, quando ele fechava demais os olhos, a escuridão o fazia ver coisas. Coisas ruins. Coisas que lembravam que ele mal saíra do ensino médio e tinha de andar por cima de um corpo morto havia pouco tempo. Como tudo que ele queria era chamar por sua mãe e ouvir sua voz, mas seu país tinha coisas melhores para ele fazer com sua juventude. A questão era a seguinte: como um homem pode agir normalmente quando já viu mais a morte do que o sono? Por que deveríamos esperar que ele não tivesse medo do escuro, de continuar em frente com a vida como se ela fosse normal, como se não houvesse sempre algo a lembrá-lo da guerra?

Eu estava animada com o fato de Deus haver respondido à minha oração e com o fato de meus sentimentos e os de Preston estarem postos sobre a mesa, mas isso provocou algo inesperado. Quando ele era apenas meu amigo, eu podia ser conhecida por meus próprios termos. De longe, isso é certo, ele sabia o nome do meu pai, o que eu gostava de comer nos dias da semana e até mesmo aprendera por que eu chorava tão baixinho. Mas esse *novo* relacionamento, mais intencional, no qual estávamos entrando, isso me assustava. Até mesmo minha mente não conseguia lidar com isso. Ela fez com que eu olhasse de uma forma diferente para Preston. Fiquei desconfiada. Ele não era mais meu amigo. Era uma ameaça. Porque era homem. E os homens ferem as coisas, as pessoas, a mim. Era sempre assim. Eles machucam aquilo em que tocam. Como se entrassem no mundo apenas para roer os ossos das mulheres. Quem sabe estivessem tentando se vingar de Deus por tirar sua costela para fazer as mulheres. Quem sabe, quanto mais eles rasgassem a mulher, mais conseguissem reunir os pedaços de si mesmos. Eu não queria que Preston tivesse essa espécie de poder. Mas achava que ele tinha.

Quando eu disse "sim" à sua procura, teve início uma guerra entre nós. Eu não sabia receber seu amor, e ele desconhecia a forma de entregá-lo. A garota que ele conhecera em Los Angeles não era a mesma que falava com ele no jantar. Ela se havia fechado, indo para um lugar onde só a firmeza poderia trazê-la de volta. Tudo parecia desconfortável, como aprender uma língua que a gente sempre teve medo de falar. Aqueles abraços que eu pensei desejar me faziam encolher de repugnância. Ter de reajustar o jeito de meus braços abraçarem seu corpo, por ele não ser uma mulher em cuja cintura eu pudesse pôr as mãos e trazer para mais perto, isso me irritava. Ele era um homem crescido com costas e ombros sólidos que diziam: "Em vez disso, ponha os seus braços aqui". Suas mãos eram maiores que as minhas. Elas encontravam o caminho até o pequeno vão em minhas costas e ficavam ali paradas, ternamente, como quem soubesse que meu corpo deveria ser segurado. Não me parecia, contudo, algo doce ou enternecedor; parecia quase um insulto, tentando me lembrar de que ele era mais forte. Ele colocava sua cabeça perto da escápula, como uma criança em busca dos cantinhos mais aconchegantes do corpo da mãe para repousar, e eu só sentia os pelos do seu rosto roçando em meu queixo. Eu sentia um impulso incontrolável de afastá-lo de mim. Lembrava-me de como era diferente abraçar uma mulher cujas mãos pareciam displicentes e despretensiosas, cujo rosto não apresentava o resultado da testosterona. Ah, como eu queria que isso tudo acabasse logo! Para que toda aquela experiência não fosse tão complicada, uma aventura para a qual eu não sabia que havia me candidatado.

— ❦ —

Fomos de avião juntos a Trindade e Tobago, para um evento de poesia no qual nós dois estávamos inscritos. Já se haviam passado cinco meses desde que começamos a namorar, e a situação não tinha ficado mais fácil. Estávamos sendo aconselhados por alguns líderes de minha igreja, e eu recebia aconselhamento particular também, para me ajudar a encontrar graça em meio àquele caos. Eu me mudara para Chicago, para trabalhar em uma organização cristã sem fins lucrativos, e estava me acostumando a ver o rosto de Preston com relativa frequência e a lidar com os argumentos que se seguiam a isso. O que nos mantinha comprometidos e indispostos a encontrar um caminho mais fácil que pudéssemos trilhar era o fato de sabermos que, mesmo na loucura de nosso relacionamento, Deus queria que estivéssemos juntos. Em nenhum ponto de meu conhecimento de Deus eu o vira me chamar para a vida sem que ela fosse pavimentada pela tribulação. Deus estava ali para fazer algo bom, mas, por ora, o ruim estava à nossa volta.

Fiquei frustrada quando chegamos à ilha. Eu estivera sentindo o peso de uma tentação persistente. De dia, minha memória trazia antigos fantasmas para me dizer como a morte parecia boa. Nem sempre era fácil deixar de acreditar nisso. Dizer a mim mesma que as mulheres eram mais atraentes do que Deus — mas eu sabia que isso não era verdade. À noite, meus sonhos eram assombrados. O que eu transformava em oração, em leitura das Escrituras e confissão para manter isso fora do meu coração voltava com força total quando o sol se punha. Eu via minha namorada sempre que ia dormir. Ouvia sua voz e sentia falta dela. Acordar para lutar mais uma luta era apenas metade da batalha. Esquecer tudo que eu via exigia tanta coragem quanto isso.

Minha fé não conseguia resistir a essa espécie de ataque implacável. A cada dia, foi-se tornando mais fraca, por ter de negar tanta coisa, com tanta frequência. Depois do evento de poesia, eu e o Preston sentamos juntos para assistir à partida final dos jogos da Associação

Nacional de Basquete. Ele havia percebido a nuvem negra que pairava sobre mim, e eu estava cansada de fingir que ele não via. E sentia. Sentia a fúria o acometendo sempre que eu me mexia.

"O que há de errado com você? Tipo, por que você está me tratando tão mal?"

Ele parecia zangado. Como se todos aqueles meses do meu comportamento belicoso finalmente houvessem grudado nele. Eu retruquei, sem erguer a voz.

"Sabe de uma coisa? Nem sei por que estou com você."

A descrença havia roubado minha esperança e minha língua.

"Tipo, não entendo por que não estou com mulheres. Porque eu não quero ficar com você."

Eu estivera pensando nisso a semana toda e não pude conter mais a dúvida. Se Deus quisesse que ficássemos juntos, ele teria de fazer isso, pois eu não conseguia. Eu não era Deus. Não podia criar o mundo e tudo que há nele, o sol, mandar na lua, enumerar as estrelas, humilhar os orgulhosos, exaltar os humildes, dividir o mar Vermelho, curar os leprosos ou ressuscitar os mortos. Um anjo nunca tinha dito à minha mãe que ela daria à luz Deus. Meu pai não teve todo o céu cantando louvores ao seu nome. Se eu fosse Deus, eu poderia realizar o impossível, ao fazer uma garota gay que virara cristã amar um homem. Mas eu não era; portanto, não podia, e desisti.

Após nosso retorno a Chicago, eu sabia que tínhamos terminado para sempre. Não havia como um homem ressurgir depois disso. Eu havia matado a ambos e, em parte, me sentia aliviada com isso.

Meu primeiro relacionamento heterossexual *de verdade* fora mais difícil do que eu podia imaginar. A liberdade, a possibilidade de não me importar e não ter de explicar a razão, tudo isso me fazia sentir bem. Mas o sentimento de culpa pesava mais do que estar livre. Como eu pudera partir o coração do primeiro homem que eu *quis* amar, e realmente amava, só que não em voz alta. Ele estivera disposto —disposto a se deitar na frente de um trem em alta velocidade ou pular na frente da boca sorridente de uma arma prestes a disparar para trazê-lo de volta à minha vida.

Meu passado me assombrava e, agora, nos assombrava. Não deixava que eu me soltasse. Estava *me* impedindo, agora a *nós*, de voltar. E eu estava deixando isso acontecer. E, de muitas formas, eu não conseguia evitar. Como o avô com quem eu jamais conversei que só via guerra quando fechava os olhos, eu só conseguia pensar em guerra quando olhava nos olhos de Preston. Mas eu me afastara desses olhos e do tratado de paz que, tão desesperadamente, queriam me fazer assinar.

Era meio-dia, e eu ainda não havia conversado com Preston. Naquela ocasião, em meu emprego havia uma sala de oração. Mas não havia nada de espiritual nisso. Sofás e Bíblias eram a única decoração perceptível. Eu me sentei com o peso de uma alma cansada, sabendo que havia ferido um amigo. Mas, como a dor era bem maior que meu corpo, logicamente não cabia nele, de modo que começou a vazar de diversas maneiras. Ao subir pelo meu peito, parecia o vento quando pega fogo. Ao respirar, tentava conter a dor, mas isso só fazia movimentá-la com mais rapidez ainda.

Antes de eu me dar conta, a dor estava no meu colo. Havia fugido dos meus olhos e cobrira meu rosto. Com as mãos, cobri a face, esperando prendê-la para não causar mais estragos, mas ela vinha com mais força, menos disciplinada a cada vez que eu pensava em Deus e no que eu fizera ao filho que ele me enviara para me amar. Meu telefone vibrou e, por um segundo, pareceu-me a picada de uma vespa que dói alguns minutos depois. Limpei de minhas mãos o pesar e peguei no telefone para ver quem se importava a ponto de entrar em contato. De relance, vi o nome de Preston. Sabia que isso só lembraria mais como eu havia profanado nosso relacionamento com meu medo. Será que ele estava enviando uma mensagem para me torturar pelo quanto eu era uma assassina? Claramente, ele não tinha muito a dizer. Através das lágrimas, pude ver que a mensagem era breve. *Brevidade é uma coisa boa*, pensei. *Quanto mais rápido eu ler, menos terei de responder.* Olhei melhor e li as seguintes palavras: "Eu amo você".

As lágrimas voltaram, mas agora vinham de outra fonte. A dor não acabara, mas agora a confusão e o choque haviam assumido seu lugar. Como é que eu havia encontrado um homem com a audácia de *me* amar? Depois de eu ter dito a ele: "Não!". Depois de eu ter negado acesso a esse coração que ele queria abraçar? Como ele ousava ser diferente do meu pai? Quem lhe dissera que ele podia ficar? Em que promessa ele acreditou para manter esse sentimento vivo, recusando-se a permitir que nós morrêssemos? Tenho certeza de que foi isso que o apóstolo Paulo escreveu aos efésios. O que mais podia ser? Se não fosse Jesus, com seu amor por um povo de dura cerviz, quem seria? Que outra história seria tão boa quanto esta, tão relevante para nós, além da boa-nova de que Jesus entregou sua vida por uma noiva que não o queria para si? Preston não me amava porque era perdidamente romântico. Segundo os padrões do mundo, nossa situação *não tinha* esperança. Mas ele tinha outro ponto de referência no qual adquiria força: o evangelho. Ele me amava porque amava *mais* a Deus.

—— ✣ ——

Um mês depois disso, Preston subiu ao palco. O evento de poesia no qual havíamos conhecido um ao outro, quatro anos antes, havia crescido de duas pessoas em um armazém em Los Angeles para três mil e quinhentas pessoas, ainda fazendo barulho e apaixonadas por poesia, nas paredes de uma grande igreja na Califórnia. Eu estava sentada na primeira fileira esperando que ele começasse a declamar.

O salão, silencioso, seus olhos nervosos, sua boca aberta:

> O ar era de abril. Então, éramos amigos, e não havia preocupações ou expectativas entre nós, apenas a química que falávamos com a linguagem do corpo. Ambos

poetas com línguas tão afiadas que você jamais poderia imaginar terem sido feitos da mesma carne com a qual morremos diariamente. Sempre tivemos nosso jeito de lidar com as palavras, mas nunca tiramos proveito disso. Respeitamos a forma poética da arte que Deus colocou em nossos corações, como se, literalmente, tivéssemos o sangue do Rei Davi galopando por nossas veias. Eu sentiria falta dessas manhãs, quando, despertos do sono e exauridos pela noite anterior, quando conversávamos até a lua dormir e as estrelas se cansarem de nossa companhia. Como conduzíamos nossos momentos juntos, e como nossas personalidades dominadoras conviviam bem, como dois reis humildes em um banquete, sendo o respeito a pedra angular de nosso relacionamento.

Isso éramos nós em retrospectiva. Nós, antes dos verdadeiros sentimentos jactarem de nossos corações, jorrarem de nossas bocas, aterrissarem na vida um do outro como dois belos mísseis que não sabíamos bem como direcionar. Ao admirarmos a forma como foram bem-construídos, temendo que explodissem a qualquer instante, abalando os limites de nossas emoções. Eu bem sei disso porque nossa relação fazia eclodir a guerra nela. Seu coração se tornara um campo de guerra. Sua língua transformou-se em um escudo e seus olhos eram como espadas que cortavam fundo a cada olhar. O comportamento belicoso sacudia o tutano dos meus ossos, confundindo como me tornei o inimigo em questão de meses. Comecei a questionar seu amor por mim.

Um dia, o Senhor me disse: "Preston, se você foi ferido muitas vezes nas batalhas, devia ter adotado algumas táticas de guerrilha também. Eu o estou chamando a amá-la, não como você, mas como eu amo".[16]

Quando Preston terminou, pediu que eu fosse sua esposa. Respondi a ele prontamente. Ele teria meu sim, porém seria mais difícil para ele obter minha confiança.

---

16 "Journey to Covenant", por Preston Perry.

CAPÍTULO 13
2013–2014

"Então, você sabe que agora tem de começar a confiar em mim."

Estávamos noivos havia apenas dois minutos. No tempo que leva para ir caminhando do palco até a sala verde, Preston aproveitou nossos primeiros momentos a sós para me dizer o que fazer. Claro, ele tinha boas intenções. Ele acreditava que havia provado que suas mãos segurariam as batidas do meu coração e não abalariam seu ritmo. Ele me amava de uma forma que chocaria até a si mesmo. Isso, mais um joelho dobrado, um sorriso de felicidade e um pedido para ser dele até que Deus me levasse ao lar, tudo isso significava que era hora de "deixar acontecer" logo (assim pensava ele).

Quanto a mim, eu precisava de mais do que tempo, amor e um anel.

Eu precisava de Deus, novamente.

Começamos a fazer aconselhamento pré-nupcial com nosso pastor e sua esposa pouco tempo depois de ficarmos noivos. Eles nos conduziam pelo estudo característico dos textos bíblicos relacionados ao matrimônio no início de nosso tempo, que, em geral, terminava com oração e uma bateria de perguntas quanto ao estado de nossa pureza. O aconselhamento pré-nupcial tornou-se um dos poucos lugares em que nossas discussões eram tornadas públicas com a esperança de uma solução.

Nossos conflitos não eram criativos nem novos. Eram repetitivos. Ele achava que eu não o respeitava o suficiente. Eu sentia que ele não tinha a paciência necessária. Ele queria que eu fosse mais terna. Eu queria que ele entendesse por que eu não era mais carinhosa. Ele queria que eu parasse de tratá-lo como se estivesse esperando que ele me machucasse. Eu queria que ele entendesse que eu não sabia como fazer isso.

Não saber viver *como* se nunca tivesse sido ferida era o que mais me frustrava. Eu já havia feito coisas mais difíceis. Já dissera adeus à mulher cujo amor eu mais amei. Tinha dito "olá" a Deus. Mudara minhas roupas. Comprometera-me com uma igreja local. Encontrara novos amigos, nossos passatempos, tudo novo. Mas, por alguma razão, não conseguia tornar-*me* nova o suficiente para amar Preston sem medo.

Amar mulheres era algo fácil para mim. Eu não tinha de me esforçar para me entregar a elas. Elas conseguiam tudo — minhas lágrimas não escondidas, minhas histórias não contadas, meu eu mais livre. Preston me amava como Deus. Mas, independentemente de quão amoroso ele escolhera ser, ainda era um homem. Um homem que não era

Deus. Um "homem humano" que poderia esquecer Deus se quisesse. E, então, me amar. A mim, uma mulher frágil. A mim, uma garota assustada. A mim, alguém que só queria não se importar tanto em evitar a dor de que eu nunca poderia deixar o amor entrar.

Entre os dias bons — quando nos lembrávamos de ser amigos — e os dias não tão bons assim, quando lançávamos as frustrações um contra o outro como se fossem chicotes, eu orava. Primeiro de março, o dia do nosso casamento, estava chegando, e o temor insistia em me levar de volta pelo corredor central da igreja.

Eu não podia deixar que o medo pegasse na minha mão. Mesmo que fosse uma palma conhecida e consistente, eu sabia que o medo só separaria aquilo que Deus estava prestes a unir. Eu não podia simplesmente entrar sozinha; certamente, as minhas pernas parariam na metade do caminho e falariam ao meu corpo para voltar — para fazer o que é fácil, para viver temendo a bondade de Deus.

Sendo assim, orei a Deus. Eu estivera com medo por tempo demais para acreditar que seria capaz de fazer isso sem a ajuda dele. É provável que fosse isso mesmo que Deus queria. Minha confiança.

Deus não desejava, primariamente, que eu confiasse em Preston, mas nele. Esse relacionamento, esse noivado e o eventual casamento estavam sendo usados por Deus para me forçar a tratar das partes do coração que eu não deixara que Deus tocasse. O medo havia ocupado espaço demais, e Deus nunca foi alguém que dividisse o coração de seus filhos com mentiras. Assim, sem saber, Preston era o fogo refinador de Deus.

Se tudo fosse tão fácil quanto eu quisera, talvez eu tivesse sido feliz, mas duvido que teria sido íntegra. Deus me salvara e estava me salvando de forma plena. Ele queria minha mente *e* minhas emoções, minha pureza *e* minha paz, meu corpo *e* minhas lutas. Esse Senhor a quem eu conhecia havia seis anos estava me amando ao me expor. Uma espécie desconfortável de santificação por meio do único homem a quem eu estava disposta a dar meu "sim".

Fui caminhando pelo corredor central da igreja — ainda morrendo de medo, mas, dessa vez, minha relação com o medo era diferente. Dessa vez, o medo encontrava oposição. Não seria fácil persistir com facilidade, com seus pés levantados no sofá e um copo de limonada para lhe dar as boas-vindas ao lar.

A cada passo em direção ao homem que eu sabia que amava, a fé dizia às minhas pernas o que fazer. A fé deixou que o medo soubesse aonde ir: embora.

Sob meu vestido branco com cauda, havia uma luta que nenhum dos convidados podia ver. Eles me viam sorrindo, a cabeça erguida, e não sabiam o que proporcionara tanta confiança para eu entrar em algo tão ousado quanto o casamento. Achavam que eu estava caminhando pelo tapete que a cerimonialista havia colocado no corredor antes de eu entrar no santuário. Eu sabia que caminhava sobre as águas. Eu sabia que era o impossível. Sabia que Deus me levara até ali e que, enquanto eu segurasse sua mão, ele não me deixaria afundar, por mais medo que eu tivesse.

Preston pegou em minha mão e nos posicionamos de frente para o altar. Seu rosto brilhava como sempre sobre mim, como uma oração atendida. Apenas seis anos antes, eu não poderia ter imaginado um dia como este. Um dia em que eu estaria diante de um homem e o amaria *de verdade*, dizendo "sim" e não desprezando o sentimento de que essa fora uma obra de Deus.

Eu sabia que haveria dias não tão açucarados depois. Alguns poderiam até ser amargos. Outros trariam novas misericórdias. De qualquer modo, ao tomar para mim *um selá* dessa temporada eterna denominada matrimônio, eu me aproximei sabendo que ele seria usado por Deus para dar continuidade à sua obra de me santificar e de ser glorificado.

De fora, olhando para dentro, eu concluía que o relacionamento entre mim e o Preston era a prova de que Deus transforma em "boa uma garota gay". Mas, na verdade, ele já havia feito isso no momento em que me libertou do pecado.

Não foi o casamento que "provou" que eu mudei. Foi o fruto do Espírito que deu prova disso (Gl 5.22-23). O poder de olhar as coisas que antes eu amava e concluir que não tinham valor algum foi a apologética que Deus usou para lembrar o mundo acerca de seu poder.

Preston e eu fomos unidos não para ser o padrão de todos os garotos e garotas gays que se tornam crentes. Fomos unidos principalmente para apontar o mistério do evangelho de Deus (Ef 5.32). O casamento foi o modo como Deus quis que *eu* o glorificasse. Tornar-me uma só carne não me completaria. O casamento não era o que me tornaria inteira, mas a obra de Deus em e por meio do meu casamento, junto com qualquer coisa que o Oleiro escolheu usar para me formar como seu barro. Deus foi meu primeiro amor. Casei com ele muito antes de casar com Preston, e com Deus eu estaria casada mesmo depois que a morte me separasse do homem a quem jurei amar até o fim.

CAPÍTULO 14
VOCÊ ACREDITA EM MILAGRES?

UMA PERGUNTA MELHOR SERIA: você acredita que Deus ainda faz coisas impossíveis, sobrenaturais, entre nós?

Talvez você considere milagre algo que pertence ao passado, algo que Deus fez quando Moisés estava vivo. Com sangue no rio Nilo, em vez da água salgada que se afastou quando a vara de Moisés tocou sua superfície. Elias soube por si mesmo quão ilimitado era o poder de Deus quando lhe pediu que permitisse ao menino morto voltar a respirar e viu isso acontecer. Jonas não negaria as diversas formas como a mão de Deus faz tudo mudar de cor. Uma tentativa de suicídio ainda resultaria em uma missão de resgate tanto para ele como para Nínive. A graça mandou um peixe carregá-lo até a praia, e sua voz impediu que centenas de milhares se afogassem em ira.

Vimos os milagres acontecerem, acima de tudo, quando Jesus veio ao mundo. Mas, como ele já deixou o mundo há algum tempo, será que seus milagres foram embora da terra quando ele ascendeu? Uma coisa, porém, é certa: mesmo quando Jesus estava por aqui, fazendo o que olhos nunca viram e o que ouvidos nunca ouviram, as pessoas ainda se recusavam a crer.

Uma vez em especial,[17] ao passar pelo templo com seus discípulos, Jesus observou um homem cego de nascença. Incapaz de ver, esse homem não reconheceu que Jesus estava olhando diretamente para ele. Mas seus ouvidos devem ter percebido o som de vários pés vindo em sua direção. Nas redondezas desse templo, era sempre escuro, pelo menos para ele. Ele sabia que o sol já ia alto quando sentia seu calor, aproveitando o dia. E, àqueles que vinham cultuar e orar durante o dia, ele implorava ajuda. Sempre acabava com menos dinheiro do que o número de pés que ouvia passar por ali, mas cercado apenas pela consciência cega de tudo que se passava ao seu redor, ele ainda ficava sentado ali.

Ele sentia quando alguém se punha de pé diante dele. Agora, o som de várias moedas caindo teria tilintado e tocado seu ouvido. Um encorajamento ao estômago, porque soava como uma refeição que viria.

Mas foi o som molhado de saliva saindo dos lábios daquele que estava ali perto que chamou a atenção dos dois ouvidos. O homem se encolheu depressa — em geral, o som de uma cuspida indicava o arremesso de um dardo da garganta daqueles que desprezavam gente insignificante como ele. Só que o cuspe atingiu o chão. Agora, o pó estava sendo remexido. O que estava acontecendo? Ele

---
17 João 9.1-34.

não tinha olhos para ver, mas Jesus misturava a saliva com a poeira e fazia barro da terra. Ele havia feito algo bem semelhante muito tempo atrás, quando o solo se tornara feitura de um homem. Aqui, a terra curaria um homem que ele havia criado.

Quem quer que fosse — o homem parado, mexendo com a sujeira ao seu redor — colocou o que ele agora sentia ser como lama, grudenta e com cheiro de cuspe, em seus olhos. Antes de perguntar qualquer coisa, o anônimo finalmente disse algo. O cego ouviu: "Vá lavar-se no tanque de Siloé". O rosto do homem se ocultava dele por causa de sua cegueira, mas, pelo tom de sua voz, devia ser alguém muito importante. Talvez até mesmo majestoso, embora, havia muito tempo, os reis tivessem sumido de Israel e, se um deles estivesse passando por ali, certamente não teria prestado atenção ao chão para se dar conta de que um mendigo estava ali sentado. "Vá." Soava como "obedeça". "Vá lavar-se no tanque" parecia aqui e agora. Já tendo ido algumas vezes até o tanque ali perto, ele obedeceu. Seguiu as orientações daquele homem. Então, tomou a água com as duas mãos, como dois navios aleatórios que naufragam propositalmente, passou a mão pelo barro e, jogando água no olho esquerdo, no olho direito, removeu o barro e sentiu, então, os navios afundando intencionalmente, ao esfregá-los contra o barro. Jogava água sobre o olho esquerdo, sobre o olho direito, limpando um pouco o gosto de água barrenta que escorria pela boca, ele começou a perceber que pingava das mãos. Usando as palmas para limpar as seções mais obstinadas das pálpebras, a luz o assustou. Quanto mais a lama caía, mais ele enxergava. Até que, de repente, ele podia ver.

Caminhando de volta ao templo, as pessoas viram que ele as via. Elas estavam acostumadas a ver os olhos daquele homem fechados ou vagando a esmo, incapazes de se fixar em qualquer objeto, mas agora ele olhava *na direção* delas, e elas não sabiam se era realmente aquele homem ou outro com o mesmo rosto que sempre havia enxergado. Ao ouvir e ver as pessoas perguntando se ele era o mesmo homem cego que mendigava fora do templo, ele lhes disse que era, de fato, o mesmo homem. Então, perguntaram-lhe como é que ele podia enxergar, e ele lhes respondeu que um homem chamado Jesus fizera isso. Por fim, o milagre chamou a atenção dos fariseus, que indagaram ao mendigo, assim como os judeus comuns também fizeram. Perguntaram até mesmo aos pais do cego se ele realmente nascera cego. Eles confirmaram o fato. Agora, o filho sabia como era o rosto de seus pais, e que fora Jesus o autor desse milagre.

Os fariseus não conseguiam entender a ideia de que Jesus — um homem que clamava ser um com Deus, um Messias em roupas de carpinteiro — havia realizado esse milagre. Ou mesmo que o milagre fosse verdadeiro, e não apenas fruto de histeria. Os cegos continuam cegos. A não ser que, na verdade, eles nunca tenham sido cegos. Hipoteticamente, se seus olhos tivessem sido realmente abertos, não havia possibilidade de um judeu da Galileia ter feito isso.

Enceguecidos por seu compromisso com a incredulidade, indispostos a olhar para além do milagre e ver a glória de Deus nisso, os fariseus expulsaram o homem antes cego que agora enxergava. Mas Jesus o encontrou e lhe perguntou: "Você crê no Filho do homem?". "Quem é ele, Senhor, para que eu nele creia?", perguntou. E Jesus respondeu: "Você já *o tem visto. É aquele que está falando com você*". "Senhor, eu creio", declarou ele e o adorou. Jesus ainda disse: "Eu vim a este mundo para julgamento, a fim de que os cegos vejam e os que veem se tornem cegos".

Você sabe por que, para nós, é difícil crer que uma garota gay pode tornar-se uma criatura totalmente diferente? Porque temos dificuldade de crer em Deus. Os fariseus viram o homem cego de nascença, ouviram seu testemunho, ouviram acerca de seu passado e de como era completamente diferente do seu presente, recusando-se a crer no milagre por causa de *Quem* era apontado. Eles eram céticos do milagre porque não possuíam fé verdadeira no Deus que o havia realizado. O milagre era menos a respeito do cego e mais a respeito de um bom Deus. O milagre exibia Deus. Mostrava seu poder. Sua capacidade de fazer o que ele quer. Como ele quer, quando ele quer e para quem ele escolhe.

A natureza incompreensível daquilo que Jesus fez consistia em mostrar a todos os homens que Jesus era realmente o Deus encarnado. Desse modo, tudo que ele dizia sobre ele e sobre o mundo era totalmente verdadeiro. O milagre seria usado por Jesus para as futuras gerações, a fim de revelar a grande cegueira de todo homem que se convence de sua própria bondade, achando que, de alguma forma, consegue ter sucesso na vida sem Jesus. Andando pelo mundo, cegos como sempre, acreditando que as trevas em que passam todos os seus dias são, na verdade, a luz.

Jesus veio ao mundo para restaurar a visão não apenas porque ele queria que assim fosse, mas também porque ele *tinha poder* para fazer isso. Um milagre é assim chamado por uma razão. É mais difícil remover a dureza do coração de um pecador do que dar visão física a um cego. Os humanos têm sido incapazes de abrir os próprios olhos, espiritualmente falando, mesmo antes de Adão se esconder atrás das árvores, esperando que, ao assim agir, podia salvar-se de Deus. Nós todos temos nos tornado muito criativos ao tentar enxergar, mas jamais conseguiremos. Deus não seria Deus se ele não pudesse fazer o impossível. Antes de o tempo existir, ele já o fizera e, quando o tempo tornar-se uma lembrança distante que só serve de recordação, ele estará sempre fazendo o que ninguém mais consegue fazer: ser Deus. O Deus que realiza milagres. Podemos ter certeza de que a salvação de um pecador é o maior milagre que o mundo é capaz de ver.

O mesmo poder que tornou um cego de nascença capaz de ver por meio de algo tão corriqueiro quanto cuspe e barro é o enorme poder contido na loucura do evangelho trazido ao mundo mediante um Salvador ressurreto. É pela fé nele, iniciada por sua busca por mim, que eu, uma garota gay, hoje uma nova criatura, fui justificada diante de Deus. Ao receber a visão, ao me tornar capaz de reconhecer minhas mãos e como haviam sido calejadas pelo pecado, e como Jesus veio me purificar de todo pecado. Agora que eu o vejo, também o adoro. Uma coisa é certa: se alguém me perguntar como sou capaz de ver agora, depois de andar cega por tanto tempo, eu simplesmente direi: "Eu era cega, um bom Deus veio, e agora eu vejo".

TERCEIRA PARTE

ATRAÇÃO PELO MESMO SEXO E...

Estes capítulos finais servem como um recurso. Até aqui, falei muito de mim mesma, falei muito de Deus, mas, se você for parecida comigo, deve estar se perguntando: *E agora? Existe algo prático de que eu possa lançar mão, para mim ou para minhas amigas ou colegas de trabalho?* Acredito que a próxima seção, embora não se mostre exaustiva, seja útil se esse for o caso.

Ao longo dos capítulos seguintes, farei muitas referências a "cristãos que se sentem atraídos pelo mesmo sexo". Para simplificar, "cristãos AMS" [Atraídos pelo Mesmo Sexo]. O uso dessa designação refere-se a crentes, homens e mulheres nascidos de novo que, pela graça mediante a fé, arrependeram-se de seus pecados (inclusive de sua homossexualidade) e colocaram sua fé no Senhor Jesus Cristo. Refiro-me a esses homens e a essas mulheres como cristãos AMS porque, embora eles tenham sido renovados pelo poder do Espírito, ainda se sentem tentados pela carne a fazer o que desagrada a Deus, ou seja, submeter-se a versões deturpadas da sexualidade.

Emprego esse designativo apenas para ser específica quanto às pessoas a quem me dirijo ou ao assunto que temos em vista. Quero esclarecer que não estou sugerindo que, por esses homens e mulheres ainda se sentirem tentados por AMS, tenham uma identidade do que alguns chamariam de "cristãos gays". Novamente, como eu já disse, não creio que seja sábio ou verdadeiro em relação ao poder do evangelho identificar-nos pelos pecados do passado ou pelas tentações do presente; devemos ser definidos apenas pelo Cristo, que venceu a ambos em benefício daqueles a quem chamou para si. Nós todos, homens e mulheres — e, aqui, eu me incluo — que conhecem bem o que é tentação sexual, não somos, enfim, definidos por aquilo que nossa tentação fala a nosso respeito. Somos o que Cristo fez por nós; portanto, nossa identidade última é bastante simples: nós somos cristãos.

CAPÍTULO 15
ATRAÇÃO PELO MESMO SEXO E IDENTIDADE

A IDENTIDADE É UMA GRANDE COISA. É como uma linguagem que carregamos no rosto, e diz muito sobre aquilo em que acreditamos a respeito de Deus, de nós mesmos e das outras pessoas. Incapaz de ajudar por si mesma, a identidade vai determinar a "forma" de governar nossos passos. A forma como nos movimentamos pelo mundo sempre poderá ser rastreada pelas seguintes perguntas: "Quem eu sou hoje?" e "Como é Deus sempre?". A questão é de suma importância para os cristãos nascidos de novo que ainda sentem atração por pessoas do mesmo sexo. O mundo em que nos encontramos tornou a sexualidade central para nossa identidade. Uma identidade em que o orgulho é demonstrado ao acenar uma promessa feita após Deus ter destruído o mundo com água. Ser gay não é apenas um modo de agir, mas um modo de *ser*. É, como dizem: "Apenas quem você é".

A cultura LGBT fez um excelente trabalho em renovar, ou devo dizer destruir a mente de muita gente, principalmente ao usar palavras de forma consistente como sua maior ferramenta em seus esforços de atrair pessoas para encontrar maior alegria em se identificar com seu pecado do que em se identificar com seu Criador. Quando a santificação tem início na vida de um crente AMS, a renovação da mente também se inicia. Um lindo milagre no qual Deus entra e começa a transformar o coração em uma catedral, como foi seu intento original. Como é o coração, a mente também é. Um novo coração é o início de uma nova mente, mas ainda há necessidade de algum esforço de nossa parte. Não podemos simplesmente sentar e esperar que venha uma grande frutificação com um zelo mínimo. Trabalhamos com Deus do nosso lado para "agir conforme o milagre" (veja Fp 2.12-13) da santificação em seu mais grandioso potencial.[18]

Quando uma pessoa antes escravizada por sua atração por pessoas do mesmo sexo torna-se crente, pode ser difícil aprender como se identificar por outro afeto. Se não for um problema de pressão, pode ser um problema de ignorância. Precisamos saber que a forma como nos identificamos vai influenciar o modo como direcionamos nossa vida. Em minha própria peregrinação com Deus, eu vi o impacto que a identidade pode ter sobre minha fé. Quando começo a me esquecer que *sou* amada, que *sou* perdoada e que *sou* uma nova criatura, deixo de agir conforme a fé e começo a me comportar como se meus pensamentos fossem mais inerrantes do que as Escrituras. A identidade que atribuo a

---

18 Disponível em: www.desiringgod.org/messages/i-act-the-miracle.

Deus e a identidade que ele me dá sempre revelam a verdadeira natureza de minha fé.

Dessa forma, o desafio para o cristão AMS — no que concerne à identidade — não é aprender mais a respeito de si mesmo ou "se tornar alguém melhor", como uma adesão ao autoempoderamento; é renovar a sua mente, para que homens e mulheres comecem a ver a si mesmos à luz de quem Deus revelou ser, a fim de glorificá-lo do modo como ele ordenou. Isso acontece no meio da comunidade, com muita oração, e com a internalização consistente e reflexiva da Palavra de Deus.

A seguir, estão quatro categorias que, creio, ajudarão o crente AMS a "agir dentro do milagre" da santificação, na medida em que se relaciona com a identidade. Abaixo de cada subtítulo, você encontrará uma lista das Escrituras que, espero, serão úteis quando lidas em oração, cridas de forma plena e meditadas diariamente por crentes AMS quando iniciarem a jornada de não se conformarem com o mundo do qual se libertaram, tendo sido transformados pela renovação de suas mentes (Rm 12.2).

1. Identidade do pecado | O pecado não é bonito.
Em primeiro lugar, quando a identidade do coração muda, a identidade do pecado também tem de mudar. Enquanto estamos *dentro dele*, os olhos só o veem como uma mulher enxerga um anel de diamante. Ou como uma criança vê um presente, embrulhado em papel colorido, à espera de se tornar confete. O pecado é atraente para os pecadores. Mas, para

os santos, suas máscaras têm de ser removidas, ele tem de ser empurrado para a luz e visto como realmente é. O santo é novo, mas suas tentações serão tão velhas quanto o diabo. Suas táticas de sedução não são modernizadas. Desde o Éden até hoje, quando atrai uma pessoa para o pecado, primeiro ele tem de convencê-la de que aquilo pelo qual ela sente compulsão de provar será algo que satisfaz. Em nós, que nascemos portando a dúvida, o pecado sobe e entra no campo de visão como uma tentação que nos deixa tontos, querendo acreditar que o Cristo pregado na cruz é apenas uma reluzente rosa vermelha a ser colhida e cheirada por simples prazer. A incredulidade sempre vai contrastar o pecado com Deus, fazendo o pecado parecer glorioso, e não Deus. Tornando o pecado, e não Deus, o que faz a vida valer a pena. Tornando *o pecado*, e não Cristo, valioso a ponto de morrer por ele.

Haverá um dia, dois dias ou talvez muitos dias para o crente AMS em que os afetos pelos quais outrora ele sentia prazer vão sussurrar em seu ouvido, procurando voltar. O pecado vai cochichar a promessa de alegria e realização. No entanto, essa promessa *parecerá* mais verdadeira do que é, pois o pecado jamais cumpre sua promessa de nos fazer felizes. O vômito sempre será vômito, mesmo derramando-se calda de chocolate, fatias de amêndoas e uma cereja em cima dele (2Pe 2.21-22). Quando vem a tentação de enxergar o pecado como aquilo que não é, as Escrituras são o nosso farol, a nossa verdade final, a nossa fuga da sombra que se move na direção de nossos pés. Na Palavra de Deus, e não na palavra do inimigo, é onde vemos a verdadeira identidade do pecado.

(...) porque o salário do pecado é a morte. (Rm 6.23)

Ao contrário, cada um é tentado pela sua própria cobiça, quando esta o atrai e seduz. Então, a cobiça, depois de haver concebido, dá à luz o pecado; e o pecado, uma vez consumado, gera a morte. (Tg 1.14-15)

Naquele tempo, que resultados colhestes? Somente as coisas de que, agora, vos envergonhais; porque o fim delas é morte. (Rm 6.21)

Há caminho que ao homem parece direito, mas ao cabo dá em caminhos de morte. (Pv 14.12)

Não ameis o mundo nem as coisas que há no mundo. Se alguém amar o mundo, o amor do Pai não está nele. (1Jo 2.15)

Aquele que pratica o pecado procede do diabo, porque o diabo vive pecando desde o princípio. Para isto se manifestou o Filho de Deus: para destruir as obras do diabo. (1Jo 3.8)

Cheios de toda injustiça, malícia, avareza e maldade; possuídos de inveja, homicídio, contenda, dolo e malignidade; sendo difamadores, caluniadores, aborrecidos de Deus, insolentes, soberbos, presunçosos, inventores de males, desobedientes aos pais, insensatos, pérfidos, sem afeição natural e sem misericórdia. Ora, conhecendo eles a sentença de Deus, de que são passíveis de morte os que tais coisas praticam, não somente as fazem, mas também aprovam os que assim procedem. (Rm 1.29-32)

Todos os artífices de imagens de escultura são nada, e as suas coisas preferidas são de nenhum préstimo; eles mesmos são testemunhas de que elas nada veem, nem entendem, para que eles sejam confundidos. (Is 44.9)

Não reine, portanto, o pecado em vosso corpo mortal, de maneira que obedeçais às suas paixões; nem ofereçais cada um os membros do seu corpo ao pecado, como instrumentos de iniquidade; mas oferecei-vos a Deus, como ressurretos dentre os mortos, e os vossos membros, a Deus, como instrumentos de justiça. (Rm 6.12-13)

2. A identidade do santo | Você não é as suas tentações.

As tentações falam — e muito. Elas nos falam do seu potencial. Falam de nossa necessidade e dizem que podem consertar isso. Quando escutamos isso com tanta frequência quanto o dia muda de cores, a tentação consegue trazer consigo uma vergonha que fala em um dialeto diferente. O cristão AMS, que resiste apenas por hábito, pode começar a ficar com o ouvido deficiente, descoberto pela natureza prolixa das tentações que ele não consegue deixar de escutar.

A vergonha não substitui a outra voz; a vergonha e a tentação trabalham lado a lado. Uma falando mais alto que a outra, dependendo da identidade que o cristão AMS permite que encubra sua alegria. A vergonha quer que nós acreditemos que está correta quanto à avaliação que faz a nosso respeito. Que somos desgraçados demais para ser transformados. Sujos demais para ser purificados. Inclinados demais a pecar para o perdão ter valor. Que, em todos os frutos da grande salvação, a tentação ainda vai nos *querer* gays ou que sintamos como era bom sermos amados por alguém do mesmo sexo; tudo isso significando apenas que somos pecadores sem possibilidade de conserto ou, o que é pior, que simplesmente *ainda somos gays*. Mas só porque estamos sendo tentados, isso não significa que nós *somos* essas tentações.

Nós somos aquilo que a cruz declarou: perdoados. Talvez as tentações ainda tenham voz, mas Deus também tem voz. As Escrituras — inspiradas por Deus e eternamente úteis — têm a palavra final sobre a identidade do santo.

> Ou não sabeis que os injustos não herdarão o reino de Deus? Não vos enganeis: nem impuros, nem idólatras, nem adúlteros, nem efeminados, nem sodomitas, nem ladrões, nem avarentos, nem bêbados, nem maldizentes, nem roubadores herdarão o reino de Deus. Tais fostes alguns de vós; mas vós vos lavastes, mas fostes santificados, mas fostes justificados em o nome do Senhor Jesus Cristo e no Espírito do nosso Deus. (1Co 6.9-11)

E, assim, se alguém está em Cristo, é nova criatura; as coisas antigas já passaram; eis que se fizeram novas. (2Co 5.17)

Agora, porém, libertados do pecado, transformados em servos de Deus, tendes o vosso fruto para a santificação e, por fim, a vida eterna. (Rm 6.22)

Assim como nos escolheu nele, antes da fundação do mundo, para sermos santos e irrepreensíveis perante ele; e em amor nos predestinou para ele, para a adoção de filhos, por meio de Jesus Cristo, segundo o beneplácito de sua vontade, para louvor da glória de sua graça, que ele nos concedeu gratuitamente no Amado. (Ef 1.4-6)

Pois somos feitura dele, criados em Cristo Jesus para boas obras, as quais Deus de antemão preparou para que andássemos nelas. (Ef 2.10)

Quem os condenará? É Cristo Jesus quem morreu ou, antes, quem ressuscitou, o qual está à direita de Deus e também intercede por nós. (Rm 8.34)

Filhinhos meus, estas coisas vos escrevo para que não pequeis. Se, todavia, alguém pecar, temos Advogado junto ao Pai, Jesus Cristo, o Justo. (1Jo 2.1)

Agora, pois, já nenhuma condenação há para os que estão em Cristo Jesus. (Rm 8.1)

> Mas, a todos quantos o receberam, deu-lhes o poder de serem feitos filhos de Deus, a saber, aos que creem no seu nome; os quais não nasceram do sangue, nem da vontade da carne, nem da vontade do homem, mas de Deus. (Jo 1.12-13)

> Justificados, pois, mediante a fé, temos paz com Deus mediante nosso Senhor Cristo, por intermédio de quem obtivemos igualmente acesso, pela fé, a esta graça na qual estamos firmes; e gloriamo-nos na esperança da glória de Deus. (Rm 5.1-2)

> Em todas estas coisas, pois, somos mais que vencedores por meio daquele que nos amou. Porque eu estou bem certo de que nem a morte, nem a vida, nem os anjos, nem os principados, nem as coisas do presente, nem do porvir, nem os poderes, nem a altura, nem a profundidade, nem qualquer outra criatura poderá separar-nos do amor de Deus, que está em Cristo Jesus, nosso Senhor. (Rm 8.37-39)

3. Identidade da igreja | Você não está só.

Ser um cristão ou uma cristã AMS pode *parecer* uma caminhada solitária. Um pé na frente do outro sem o eco de outro par de pernas para compartilhar o som dos movimentos. Existe o medo de ser mal compreendido, julgado, não amado ou não ser plenamente aceito. Quando uma sala está cheia de crentes, o passado é uma letra escarlate entre os olhos, o isolamento que se imagina estar mais presente do que os corpos desencoraja o cristão e o faz ver a si mesmo sozinho. A solidão como sua identidade vocacionada. Outros concluem que podem ter êxito na fé cristã sem a presença de outros cristãos; que podem ser soldados solitários na luta contra o pecado, o diabo e a carne. No entanto, eles não sabem que nenhuma guerra é ganha por um só soldado ou que a santificação é algo que acontece em comunidade, tanto quanto a comunhão. Você não está só.

Tanto o crente isolado como o crente que isola a si mesmo fazem parte de uma família, de um corpo, de um organismo de seres humanos que têm diferentes pecados e o mesmo Salvador. Mesmo que muitos cristãos não consigam compreender a luta específica do crente AMS, todos eles podem entender a luta geral que travamos contra o pecado. Deus fez todos participantes desse corpo, a fim de santificar os santos, de equipar os santos para o ministério e de lhes revelar Deus de maneira mais profunda. No passado, era verdade e, agora, é verdade: o homem não foi criado para estar só. Pela graça de Deus, não estamos sós e jamais estaremos.

> Assim, já não sois estrangeiros e peregrinos, mas concidadãos dos santos, e sois da família de Deus, edificados sobre o fundamento dos apóstolos e profetas, sendo ele mesmo, Cristo Jesus, a pedra angular; no qual todo o edifício, bem ajustado, cresce para santuário dedicado ao Senhor, no qual também vós juntamente estais sendo edificados para habitação de Deus no Espírito. (Ef 2.19-22)

Vós, porém, sois raça eleita, sacerdócio real, nação santa, povo de propriedade exclusiva de Deus, a fim de proclamardes as virtudes daquele que vos chamou das trevas para a sua maravilhosa luz. (1Pe 2.9)

Não havendo sábia direção, cai o povo, mas na multidão de conselheiros há segurança. (Pv 11.14)

Pelo contrário, exortai-vos mutuamente cada dia, durante o tempo que se chama Hoje, a fim de que nenhum de vós seja endurecido pelo engano do pecado. (Hb 3.13)

Consideremo-nos também uns aos outros, para nos estimularmos ao amor e às boas obras. Não deixemos de congregar-nos, como é costume de alguns; antes, façamos admoestações e tanto mais quanto vedes que o Dia se aproxima. (Hb 10.24-25)

Mas, seguindo a verdade em amor, cresçamos em tudo naquele que é a cabeça, Cristo, de quem todo o corpo, bem ajustado e consolidado pelo auxílio de toda junta, segundo a justa cooperação de cada parte, efetua o seu próprio aumento para a edificação de si mesmo em amor. (Ef 4.15-16)

(...) se um membro sofre, todos sofrem com ele; e, se um deles é honrado, com ele todos se regozijam. (1Co 12.26)

> Depois destas coisas, vi, e eis grande multidão que ninguém podia enumerar, de todas as nações, tribos, povos e línguas, em pé diante do trono e diante do Cordeiro, vestidos de vestiduras brancas, com palmas nas mãos; e clamavam em grande voz, dizendo: Ao nosso Deus, que se assenta no trono, e ao Cordeiro, pertence a salvação.
> (Ap 7.9-10)

4. Identidade de Deus | Deus é melhor do que você possa imaginar.

A raiz de todo pecado é a incredulidade contra Deus. A Queda teve início quando Adão e Eva duvidaram do que Deus dissera sobre si mesmo. É a identidade que atribuímos a Deus, pela dúvida ou pela fé em suas Escrituras, que determina a identidade que daremos a nós mesmos e, no final das contas, à vida que, inevitavelmente, viveremos. Se ele é o Criador, então nós somos as criaturas. Se ele é o Mestre, nós somos os servos. Se ele é amor, nós somos amados. Se ele é onipotente, então nós não somos tão poderosos quanto imaginamos. Se ele é onisciente, então não existe lugar no qual possamos nos esconder. Se ele não pode mentir, então todas as suas promessas são verdadeiras. É a fé nas verdades do caráter de Deus que tem o poder de revolucionar completamente a forma como nossas vidas serão vividas. Não somente isso, existe muita alegria a ser experimentada na face da terra porque, em Deus, há mais glória do que conseguimos imaginar.

Ele é muito maior do que a maior coisa que existe, e mais glorioso do que a maior de todas as glórias que os olhos possam ver. Quando tomamos conhecimento disso, Deus torna-se o alvo de tudo que fazemos. Pois, se Deus é maior do que conseguimos imaginar, estaremos perdendo nosso tempo ao correr atrás de algo ou de alguém menor do que ele. Porque sabemos que ele é tudo que temos; em nossas tentações, em nossas provações e em nossas vitórias, temos de colocar nossa identidade última não em quem nós somos, mas em quem sabemos que Deus é.

> Não sabes, não ouviste que o eterno Deus, o Senhor, o Criador dos fins da terra, nem se cansa, nem se fatiga? Não se pode esquadrinhar o seu entendimento. Faz forte ao cansado e multiplica as forças ao que não tem nenhum vigor. Os jovens se cansam e se fatigam, e os moços de exaustos caem, mas os que esperam no Senhor renovam as suas forças, sobem com asas como águias, correm e não se cansam, caminham e não se fatigam. (Is 40.28-31)

> Benigno e misericordioso é o Senhor, tardio em irar-se e de grande clemência. O Senhor é bom para todos, e as suas ternas misericórdias permeiam todas as suas obras. (Sl 145.8-9)

> Tu me farás ver os caminhos da vida; na tua presença há plenitude de alegria, na tua destra, delícias perpetuamente. (Sl 16.11)

Mas o que se gloriar, glorie-se nisto: em me conhecer e saber que eu sou o Senhor e faço misericórdia, juízo e justiça na terra; porque destas coisas me agrado, diz o Senhor. (Jr 9.24)

Com quem comparareis a Deus? Ou que coisa semelhante confrontareis com ele? (Is 40.18)

No ano da morte do rei Uzias, eu vi o Senhor assentado sobre um alto e sublime trono, e as abas de suas vestes enchiam o templo. Serafins estavam por cima dele; cada um tinha seis asas: com duas cobria o rosto, com duas cobria os seus pés e com duas voava. E clamavam uns para os outros, dizendo: Santo, santo, santo é o Senhor dos Exércitos; toda a terra está cheia da sua glória. (Is 6.1-3)

Eis que a mão do Senhor não está encolhida, para que não possa salvar; nem surdo o seu ouvido, para não poder ouvir. (Is 59.1)

E, levantando-se, repreendeu os ventos e o mar; e fez-se grande bonança. E maravilharam-se os homens, dizendo: Quem é este que até os ventos e o mar lhe obedecem? (Mt 8.26-27)

Carregando ele mesmo em seu corpo, sobre o madeiro, os nossos pecados, para que nós, mortos para os pecados, vivamos para a justiça; por suas chagas, fostes sarados. (1Pe 2.24)

Nós amamos porque ele nos amou primeiro. (1Jo 4.19)

Este é a imagem do Deus invisível, o primogênito de toda a criação; pois, nele, foram criadas todas as coisas, nos céus e sobre a terra, as visíveis e as invisíveis, sejam tronos, sejam soberanias, quer principados, quer potestades. Tudo foi criado por meio dele e para ele. Ele é antes de todas as coisas. Nele, tudo subsiste. Ele é a cabeça do corpo, da igreja. Ele é o princípio, o primogênito de entre os mortos, para em todas as coisas ter a primazia, porque aprouve a Deus que, nele, residisse toda a plenitude e que, havendo feito a paz pelo sangue da sua cruz, por meio dele, reconciliasse consigo mesmo todas as coisas, quer sobre a terra, quer nos céus. (Cl 1.15-20)

[Jesus] a si mesmo se humilhou, tornando-se obediente até à morte e morte de cruz. Pelo que também Deus o exaltou sobremaneira e lhe deu o nome que está acima de todo nome, para que ao nome de Jesus se dobre todo joelho, nos céus, na terra e debaixo da terra, e toda língua confesse que Jesus Cristo é Senhor, para glória de Deus Pai. (Fp 2.8-11)

Ora, àquele que é poderoso para vos guardar de tropeços e para vos apresentar com exultação, imaculados diante

> da sua glória, ao único Deus, nosso Salvador, mediante Jesus Cristo, Senhor nosso, glória, majestade, império e soberania, antes de todas as eras, e agora, e por todos os séculos. Amém! (Jd 24-25)

> E aquele que está assentado no trono disse: Eis que faço novas todas as coisas. E acrescentou: Escreve, porque estas palavras são fiéis e verdadeiras. Disse-me ainda: Tudo está feito. Eu sou o Alfa e o Ômega, o Princípio e o Fim. Eu, a quem tem sede, darei de graça da fonte da água da vida. (Ap 21.5-6)

Deveria ser uma *expectativa* tanto de cristãos mais novos como dos mais antigos que saem da comunidade LGBT que eles vão experimentar a tentação de se identificar com algo diferente do que a Escritura declarou ser verdade. Quer seja a identidade do pecado, a identidade do santo, a identidade da igreja ou a identidade de Deus, existe um inimigo de verdade que se compraz em nossa dúvida. Porém, a maior arma que temos contra ele e até mesmo contra nossa carne é a fé na Palavra de Deus. Ao confiar nela como a palavra final, permaneceremos fortes mesmo quando nos sentirmos fracos.

Seja encorajado.

> Quanto ao mais, sede fortalecidos no Senhor e na força do seu poder. Revesti-vos de toda a armadura de Deus, para poderdes ficar firmes contra as ciladas do diabo;

porque a nossa luta não é contra o sangue e a carne, e sim contra os principados e potestades, contra os dominadores deste mundo tenebroso, contra as forças espirituais do mal, nas regiões celestes. Portanto, tomai toda a armadura de Deus, para que possais resistir no dia mau e, depois de terdes vencido tudo, permanecer inabaláveis. Estai, pois, firmes, cingindo-vos com a verdade e vestindo-vos da couraça da justiça. Calçai os pés com a preparação do evangelho da paz; embraçando sempre o escudo da fé, com o qual podereis apagar todos os dardos inflamados do Maligno. Tomai também o capacete da salvação e a espada do Espírito, que é a palavra de Deus; com toda oração e súplica, orando em todo tempo no Espírito e para isto vigiando com toda perseverança e súplica por todos os santos. (Ef 6.10-18)

CAPÍTULO 16
ATRAÇÃO PELO MESMO SEXO E PERSEVERANÇA

Por alguma estranha razão, a perseverança é uma palavra incomum, especialmente nas conversas voltadas à atração por pessoas do mesmo sexo. Talvez, numa cultura em que "rápido" é preferível a "esperar", e "fácil" é melhor que "difícil", deveríamos esperar que uma discussão sobre a tentação persistente, poderosa e, às vezes, até mesmo implacável da atração pelo mesmo sexo fosse apenas ocasional. Por mais estranho que possa parecer a algumas pessoas, isso é intrínseco à experiência cristã, e a recusa em seu emprego como arma de fé poderia garantir a perseverança do cristão professo (Mt 24.13).

Tenho tido inúmeras conversas com homens e mulheres AMS que ou tentam aderir a uma ética sexual bíblica ou já tentaram fazê-lo. De olhos cansados e sobrecarregados, eles me procuram cabisbaixos para me convidar a entrar em sua frustração. Por fim, eles confessam a razão para essa nebulosidade: "É simplesmente muito difícil", dizem, deixando a frase no ar, sem maior explicação. A dificuldade de tentar resistir à atração pelo mesmo sexo tende a levar algumas pessoas a um ciclo depressivo de autocondenação e desânimo. Em outros casos, pode levar ao completo afastamento da fé na qual tentaram se ancorar.

Sempre me perguntei se, quando eles se tornaram discípulos, ou se consideravam seguidores de Cristo, sabiam que seguir Jesus significa não apenas ter a vida eterna, como também uma vida crucificada. As crucificações não eram somente excruciantes (uma palavra claramente derivada da própria crucificação), como também lentas. Uma morte demorada "até o pôr do sol", mais de uma vez. Ser crucificado garantia que a morte chegaria, mas o esperar sangrento dependia do tempo. Nós, na condição de pessoas desconectadas da compreensão histórica da crucificação, no que se refere ao tempo, e não somente à dor, entendemos apenas parcialmente as palavras de Jesus em Lucas 9.23: "Se alguém quer vir após mim, a si mesmo se negue, dia a dia tome a sua cruz e siga-me". Sabemos que esse versículo se refere a morrer para nosso ego, mas quão frequentemente temos visto isso naquela morte diária, paciente e prolongada que vem quando levamos nossa própria cruz. Que, uma vez pregada às nossas costas, não significa que o pecado para o qual morremos hoje não voltará amanhã, para que tenhamos de matá-lo vez após vez até que, depois de um período ou de uma existência inteira, finalmente venhamos a descobrir que morreu. A vida crucificada é uma vida que persevera até o fim, quando, de uma vez por todas, a cruz será substituída por uma coroa.

Para o cristão AMS, Jesus exemplificou o trabalho árduo (porém possível) de perseverar para a glória de Deus quando o corpo prefere ceder. Em Mateus 26, nós o vemos indo ao Getsêmani. Ele acabara de jantar com os discípulos e, em seguida, os levou até um de seus lugares favoritos para orar, pois era chegado o tempo no qual ele faria aquilo para o qual viera: morrer.

Seu plano era falar com o Deus cuja voz conhecera antes de os céus o ouvirem ordenar que o dia se separasse da noite. O sol se pôs, as barrigas estão cheias do cordeiro da Páscoa, de pão e vinho, o corpo exausto de tanto caminhar, eles estão cansados, mas Jesus ordena que eles façam algo diferente de descansar. Ele quer que vigiem. O sono, embora fosse natural, não era aquilo de que eles precisavam. Manter os olhos abertos às tentações que estavam no caminho era o que o momento exigia.

Caminhando um pouco à frente deles, o corpo de Jesus falou antes de ele abrir a boca. Encostou o rosto na terra, respirando e afastando a grama, e voltou a face para cima, sob as estrelas e o luar aceso por toda espécie de tristeza — postura de alguém triste demais para ficar de pé. Prostrado, ele se dirige a Deus pelo nome, seguindo-se o pedido ao Pai por algo que ninguém mais poderia conceder-lhe: "Meu Pai, se possível, passe de mim este cálice! Todavia, não seja como eu quero, e sim como tu queres" (Mt 26.39). Esse cálice é um símbolo, um retrato, uma metáfora da ira de Deus. Era outra espécie de dilúvio, com uma arca distante. Fogo e enxofre duplicados que eram enviados do céu para cair, dessa vez, sobre o Filho, e não para destruir Sodoma. Um deserto de quarenta anos encolhido e espremido numa só noite implacável, em que o Filho não conseguia encontrar o Sábado. Esse cálice continha algo que Jesus nunca antes havia experimentado. Até então, ele só conhecera o prazer de Deus nele e o amor de Deus por ele (Mt 3.17; Jo 5.20). A agonia da cruz, da qual ele queria fugir, se isso fosse possível, não era principalmente a dor física que viria, mas a terrível experiência de ser inimigo de seu Pai — devido ao pecado que ele carregaria sobre si em nosso lugar. E, se isso fosse possível, ele não queria fazê-lo, pelo menos não *desse modo*.

Não existe outra maneira de agradar a Deus exceto obedecendo pela fé. A obediência para os que são AMS diz respeito a algo aterrorizante, pois significa negar ao corpo aquilo que, com frequência, parece tão natural quanto sorrir. Em geral, a AMS não é inventada ou modificada por alguma imaginação específica. Trata-se de um afeto real experimentado por pessoas reais. Desse modo, quando são ordenadas a não agir em conformidade com esses afetos, mesmo quando pulsam fortemente no corpo, a ponto de fazer barulho, é preciso haver um comprometimento sobrenatural para negar a si mesmas. Muitas pessoas assumirão esse desafio de forma hesitante, mas com disposição, até se darem conta de que a tarefa não é nada fácil.

Mas, em geral, crescem em uma série constante de tentações que voltam tão rapidamente quanto são mortificadas. A frustração e o desânimo fazem algumas pessoas levar em conta a incredulidade e tudo que ela tem a dizer em relação ao que é preciso fazer. A incredulidade, exatamente como Satanás, sempre procurará uma saída mais fácil. Ela diz para comer o fruto em troca de conhecimento, em vez de temer a Deus para obter a verdadeira sabedoria. A incredulidade desvenda nossa percepção tanto do sofrimento como das bênçãos da vida, chamando-nos a deixar de lado, a todo custo, qualquer negação de nós mesmos, com todas as falsas promessas de conforto que não podem se estender além do túmulo. Para tantos outros, a incredulidade os convenceu de que eles podem servir a ambos: tanto a Deus como à sua homossexualidade. A ambos, Deus e a carne. Tanto ao pecado como ao Salvador. Mas isso, bem sabemos, é algo totalmente impossível."Todo aquele que é nascido de Deus não vive na prática de pecado; pois o que permanece nele é a divina semente; ora, esse não pode viver pecando, porque é nascido de Deus" (1Jo 3.9). O cristão que lida com a atração pelo mesmo sexo nunca poderá procurar outro caminho para obedecer a Deus que esteja fora da vontade divina, pois sabemos que, do mesmo modo que era vontade de Deus que Jesus fosse crucificado, também é sua vontade que nos abstenhamos de toda forma de sexualidade que não esteja em consonância com suas Escrituras: "Pois esta é a vontade de Deus: a vossa santificação, que vos abstenhais da prostituição" (1Ts 4.3).

Se houvesse outro meio de obedecer à vontade de Deus, Jesus iria querer essa opção, mas só havia UM jeito. E ele tinha total comprometimento com ele. Ainda prostrado em terra, ele diz ao Pai: "(...) Todavia, não seja como eu quero, e sim como tu queres...". Jesus pediu em três ocasiões distintas ao Pai que esse cálice passasse dele. E, como se o silêncio fosse significativo, isso foi tudo que Jesus ouviu em resposta. O vento não o encobriu para lhe dar uma resposta divina nem o monte se abalou junto ao céu com uma voz conhecida. Em toda a sua aflição, Deus Pai nada respondeu.

Alguém pode perguntar se, ao escolher não falar, Deus não poderia pelo menos ter agido. Mas Deus fez isso. Enviou um anjo do céu. Mas o anjo não foi mandado por razões triviais que esperaríamos de outros pais que estivessem mais dedicados ao conforto dos filhos do que à glória do nome de Deus. O anjo que Deus enviou não tomou o Filho de Deus que estava extremamente deprimido para levá-lo ao céu antes de ele passar pela cruz. Se necessário, um anjo poderia ter vindo com dez milhares de outros para encontrar e acabar com todos os inimigos de Jesus. Isso, claro, tornaria mais fácil para Cristo a longa caminhada até o Calvário, mas não fazia parte da agenda de Deus. Se o anjo tivesse vindo apenas para livrar Jesus de todo temor, ansiedade, de toda dor, tristeza, dificuldade, tentação, ou de qualquer outra coisa que seu corpo tivesse de suportar... Mas seu Pai fez algo completamente diferente de livrar o Filho para facilitar sua vida. Ao não permitir que Jesus ignorasse a adversidade da obediência, mandou o anjo para simplesmente fortalecer o Filho, para que ele suportasse tudo. Se Jesus precisava de força para perseverar no amor à obediência ao Pai, quanto mais nós carecemos dela! O escritor de Hebreus entendeu a necessidade de o crente perseverar quando escreveu: "Não abandoneis, portanto, a vossa confiança; ela tem grande galardão. Com efeito, tendes necessidade de perseverança, para que, havendo feito a vontade de Deus, alcanceis a promessa" (Hb 10.35-36). O fato é que ser cristão e, ao mesmo tempo, ter de negar a atração pelo mesmo sexo é algo difícil (difícil é dizer pouco), mas, do mesmo modo que o Pai enviou um anjo para fortalecer o Filho, também mandou alguém para nós ainda melhor: o Espírito Santo. Quando somos conduzidos pelo Espírito, quando olhamos para Jesus e não nos desencorajamos (nem cedemos a mentiras ou condenação), somos capazes de realizar aquilo que agrada ao Pai. Somos fortalecidos a perseverar; quando nos é dado o poder de obedecer, isso não torna mais fácil a obediência, mas a torna possível.

Há algo a ser dito sobre o amor em tudo isso. Se o que aconteceu no Jardim do Getsêmani tivesse sido contado de um modo diferente, algo como uma forma invertida da história conhecida do evangelho, imagino que alongaria a figura de Jesus em algo mais humano do que santo. O que seria se, após o jantar da Páscoa com os discípulos, Jesus tivesse entrado no jardim para orar e, em vez de ter um corpo pesado a ponto de carecer de Deus, ficasse ali parado, indiferente às nuvens flamejantes que estavam a caminho de arrancar sua própria luz da terra. Ele fala ao Pai conforme planejado, mas sem agitação. Como oraria uma pessoa sem pesar, ele ora. Sem pedidos. Sem agonia. Sem depressão. Nenhuma súplica das profundezas da alma, pedindo que passasse o cálice sem que ele bebesse. Ele sabe que esse cálice virá sobre ele, em toda a sua ira acumulada e pronta para ser derramada. Mas não há sinal de que ele queira fugir daquilo que virá. Ou mesmo que o que viria a acontecer fosse algo terrível. Ele se mantém tranquilo. Como se a crucificação fosse mais um dia normal, como todos os demais.

Se essa fosse a versão de Jesus que lêssemos, o que ela diria a respeito do amor? Ou seja, de seu amor por Deus Pai? Diria que talvez ele não amasse tanto a Deus quanto imaginamos. Se, no momento de Jesus experimentar toda a ira de Deus, no lugar do doce amor no qual ele sempre habitara, ele se aproximasse disso com indiferença, só poderíamos concluir que ele não se *importava muito* com o fato de sua intimidade com o Pai ter sido interrompida. Mas a história verdadeira é que Jesus *realmente* se importou. Ele se importou a ponto de sentir a total miserabilidade, que sacudiu o sangue de seu corpo e os pedidos dentro de seu coração. É a grande agonia que vemos em Jesus enquanto ele suportava tudo isso que nos revela seu amor inimaginável pelo Pai. Ele preferiria que o cálice passasse a não permanecer nesse amor.

O grande contraste entre nós e Jesus é este: Jesus estava profundamente triste diante da perspectiva de experimentar o desprazer de Deus acima de tudo, mas a maioria de nós, se não todos, ficamos tristes diante da perspectiva de não experimentar os prazeres do pecado.

Jesus não suportou tudo por ser forte; o mais provável era que estivesse num dos pontos mais frágeis de sua humanidade, mas ele perseverou porque amava seu Deus. Portanto, ele tinha convicção plena de estar cumprindo a vontade de Deus, a qualquer custo. Esse amor é o que vai nos ajudar a perseverar: um amor que vê o conhecimento de Deus como o maior prazer que uma pessoa ou que seu corpo possa ter.

Mesmo em meio a lágrimas, dores e dificuldades, nós continuamos a lutar porque sabemos que a vontade de Deus é infinitamente melhor do que permanecer na nossa. Assim como Jesus, nós perseveramos porque sabemos que a alegria sempre estará do outro lado da obediência. Assim, nós nos voltamos para ele, "olhando firmemente para o Autor e Consumador da fé, Jesus, o qual, em troca da alegria que lhe estava proposta, suportou a cruz, não fazendo caso da ignomínia, e está assentado à destra do trono de Deus" (Hb 12.2).

CAPÍTULO 17
ATRAÇÃO PELO MESMO SEXO E O EVANGELHO HETEROSSEXUAL

Deus não está chamando pessoas gays para serem "endireitadas".

Você poderia pensar que sim quando ouve cristãos tentando encorajar pessoas que se sentem atraídas por outras do mesmo sexo, dentro ou mesmo fora da igreja local. Acenam diante deles a possibilidade de um casamento heterossexual, apontando isso como se fosse o céu pendurado por um fio, algo em que é preciso agarrar-se, de modo a se tornar inteiros. Embora, em geral, essa seja uma atitude bem-intencionada, é muito perigosa. Por quê? Porque põe maior ênfase no casamento como alvo da vida cristã, e não no alvo maior, que é conhecer Jesus. Assim como o alvo de Deus em minha salvação não é principalmente a remoção dos meus desejos por pessoas do mesmo sexo, na minha santificação, nem sempre é seu alvo o casamento ou sentimentos de atração sexual pelo sexo oposto.

O "evangelho heterossexual" encoraja homens e mulheres que sentem atração por pessoas do mesmo sexo a vir a Jesus para se "endireitar" ou sugere que vir a Jesus garante que eles *se sentirão* sexualmente atraídos pelo sexo oposto. A forma como esse "evangelho" é pregado é muito mais sutil do que apresentei. Em geral, soa como "Sei que você está lutando contra ser gay. Prometo que, se você entregar sua vida a Jesus, ele vai livrá-lo totalmente desses desejos porque ama você" ou, então, "Conheço um cara que era gay e agora está casado. Jesus fará o mesmo por você se você confiar nele". Com certeza, Deus pode livrar alguém por completo da atração pelo mesmo sexo e tomar um homem ou uma mulher antes atraídos pelo mesmo sexo para o casamento com alguém do sexo oposto (obviamente, eu sou testemunha disso), mas as Escrituras não prometem explicitamente que esses sejam dons definitivos para quem está reconciliado com Deus, ou que sejam como bênçãos imediatamente herdadas da regeneração. Na esperança de encorajar pessoas AMS, e para quem, igualmente, está em busca de amar essas pessoas, apresento aqui quatro razões para evitar o evangelho heterossexual:

1. Somos mais do que nossa sexualidade.

> Criou Deus, pois, o homem à sua imagem, à imagem de Deus o criou; homem e mulher os criou. (Gn 1.27)

Somos todos muito mais complexos do que sabemos. Fomos criados diferentes do restante da criação, com a mente que se inclina dependendo do lugar no qual os olhos pousam. Quando você olha à sua volta, vê como os sentimentos são cheios de cores variadas. Somos seres intelectuais, emocionais e espirituais. Somos capazes de sentir alegria, tristeza, orgulho, humildade, terror, segurança, tudo isso trabalhando junto com nossas almas de seres humanos. Por essa razão, limitar nossa pessoalidade à sexualidade seria um modo bastante restrito de descrever como Deus nos fez. Como seres criados à sua imagem, fomos criados para amar a Deus, não por instinto animal, mas com nossos desejos humanos — o que envolve coração, mente e alma. Quando Deus não é amado com todo o nosso ser, o pecado se expõe na maneira como falamos, criamos e pensamos — o que fazemos com nossos corpos e como tratamos nosso próximo, aquilo que escolhemos ouvir com nossos ouvidos e ver com nossos olhos etc. Desse modo, nossa sexualidade pode ser *uma parte* de quem somos, mas não é *tudo* que somos. Os humanos são muito mais do que quem os atrai sexualmente.

Deus é trino, muito maior do que nossa mente é capaz de compreender. Ele é um Deus em três pessoas: Pai, Filho e Espírito Santo, todos capazes de sentir, agir, ouvir, de modos unificados e distintos entre si. Desse modo, não seria razoável supor que aqueles a quem ele criou à sua imagem fossem igualmente diversos e complexos? Se ele fez a pessoa *por inteiro*, certamente deseja salvar e satisfazer a pessoa *por inteiro* com ele próprio.

O que pode estar implícito àqueles que pregam um "evangelho heterossexual" é que nossa sexualidade seria tudo que importa para Deus. Estou convicta de que essa ideia tem impedido muitas pessoas — homens e mulheres AMS — de chegar ao arrependimento verdadeiro.

Entendi isso um dia, quando interagia com uma jovem que se ofendeu com meu testemunho de haver vencido a homossexualidade. Depois de dirigir a mim alguns ataques pessoais e xingamentos, eu lhe perguntei o seguinte: "Digamos que a homossexualidade não fosse um problema para você. Deus ainda estaria satisfeito com sua vida como um todo?". Ao que ela respondeu, surpreendida pelo ponto de vista da minha pergunta: "Não, não. Ele não estaria satisfeito".

Eu fiz especificamente essa pergunta porque precisava que ela visse que Deus tinha em mente mais do que seus atos sexuais quando lhe ordenou (e também a nós) que se arrependesse e cresse no evangelho de Jesus Cristo. Se somos assim tão complexos quanto ele nos fez, certamente somos muito mais pecadores do que conseguimos imaginar. Por essa razão, quando Deus vem nos restaurar, tem de fazer isso por inteiro.

Para o incrédulo que é AMS, Deus não o chama principalmente a ser hétero. Deus o chama a ser dele, de Deus. Conhecer Deus, amar Cristo, servir a Cristo, honrá-lo e exaltá-lo para sempre. Quando ele é o alvo do arrependimento e o objeto de sua fé, ele é justificado por Deus Pai e recebe o poder do Espírito Santo para negar todo pecado

— o pecado sexual e os de outras naturezas. Alguém que busca a heterossexualidade, e não a santidade, estará tão longe de andar corretamente diante de Deus quanto alguém que busca ativamente a homossexualidade. E, de fato, quando um cristão AMS procura como alvo a heterossexualidade em vez de buscar Cristo, acabará apenas substituindo um ídolo por outro. Quando permanecemos nele e andamos em santidade, sem a qual ninguém verá o Senhor (Hb 12.14), os crentes AMS, mesmo quando sentem essas tentações, são capazes de escolher Deus, e não sua identidade sexual anterior. Sua identidade como portadores da imagem de Deus, e não seus impulsos sexuais, será o principal identificador de sua vida — e é isso que muitos homens e mulheres AMS precisam desesperadamente ouvir dos púlpitos e nos bancos da igreja. Se a sexualidade fosse a sua (e a nossa) principal identidade, esse seria nosso chamado principal, mas, em última análise, nós não fomos feitos para o sexo; fomos feitos para Deus e para sua glória somente (Cl 1.16).

2. O casamento não é o ápice da fé cristã.

> Então, ouvi uma como voz de numerosa multidão, como de muitas águas e como de fortes trovões, dizendo: Aleluia! Pois reina o Senhor, nosso Deus, o Todo-Poderoso. Alegremo-nos, exultemos e demos-lhe a glória, porque são chegadas as bodas do Cordeiro, cuja esposa a si mesma já se ataviou, pois lhe foi dado vestir-se de

linho finíssimo, resplandecente e puro. Porque o linho finíssimo são os atos de justiça dos santos. Então, me falou o anjo: Escreve: Bem-aventurados aqueles que são chamados à ceia das bodas do Cordeiro. E acrescentou: São estas as verdadeiras palavras de Deus. (Ap 19.6-9)

O matrimônio é glorioso; faz parte do misterioso plano de Deus, que aponta para o evangelho (Ef 5). Um homem e uma mulher, duas pessoas diferentes que, debaixo de Deus, tornam-se uma só carne. Esses dois corpos contrastantes compartilham seu tempo, seus pensamentos, seus quartos, sua cama e, por mais instável que seja, também seu amor. Entregando-o a partir do coração em porções, enquanto a obediência e a confiança o tomam para a respectiva entrega. Levou todo o tempo do Antigo Testamento para que esse mistério fosse explicado ao mundo. Quando Jesus veio, morreu, ressuscitou e enviou seu Espírito Santo para nos guardar, foi-nos explicado como toda essa coisa de casamento era muito mais do que nós imaginávamos. Tinha mais a ver com Deus que qualquer outra coisa. Era uma parábola viva de Cristo e de sua igreja, de Cristo como Deus encarnado, e sua igreja como aquelas ovelhas que ouvem sua voz e seguem o Supremo Pastor para a vida. Se o mundo necessitava de uma imagem tênue de como Cristo amou a igreja, teria apenas de ver como um homem ama e lidera sua esposa na mesa de jantar. A submissão, modelada pela igreja em sua submissão a Cristo, seria visível quando uma esposa amasse tanto a seu Deus que se submetesse somente a seu esposo (Ef 5). Por mais que isso soe como loucura, Deus deu aos humanos que fizeram um pacto diante de Deus e dos homens a oportunidade abençoada de viver o evangelho em seus lares diariamente. O casamento é realmente glorioso.

Porém, mesmo em toda a sua glória, o casamento não é a mais alta glória. Por algum tempo, o casamento tem sido prestigiado com certo idealismo — como um minicéu, talvez não guardado por portões de ouro, nos quais entramos preferivelmente antes que a beleza da mulher comece a se desvanecer, ou até o momento em que o homem esteja pronto para plantar sua semente. Desde o momento em que uma jovem aprende sobre amor, é-lhe ensinado que o casamento, em sua forma mais pura, será quando ela puder ser conduzida em um vestido branco até a declaração do "Sim". Na juventude, desenhos animados e livros infantis nos doutrinam com esse ideal, mas essas não são as únicas coisas que fazem do matrimônio uma utopia. Os cristãos (muitas vezes sem perceber) continuam fazendo do casamento uma parte indevida de seu testemunho aos homens e mulheres AMS do mundo (e aos homens e mulheres heterossexuais solteiros). A promessa exagerada em relação ao casamento ou a ênfase desequilibrada a respeito de seu lugar na vida cristã podem levar homens e mulheres AMS a ficar desorientados quanto ao chamado específico de Deus para *eles*. O que podemos dizer com confiança quanto ao chamado de Deus é isto: amar a Deus e amar o próximo (Mt 22.36-40).

Para algumas pessoas, o amor a Deus vai conduzi-las por um caminho de casamento que honre a Deus. Para outras, será uma vida celibatária que honre a Deus. O cristão e a cristã AMS que são chamados ao casamento não são maior apologia ao poder de Deus do que o cristão e a cristã AMS que são chamados a permanecer solteiros. Em ambas as circunstâncias, Deus é glorificado.

O livro de Gênesis nos apresentou ao mistério do casamento, enquanto Apocalipse conclui com a consumação do que o casamento revela. No livro de Apocalipse, temos um vislumbre do que acontecerá quando a igreja, noiva de Cristo, composta por pecadores perdoados, santos sem máculas, estiver na casa junto ao Noivo que comprou seu "Sim" ao declarar: "Está consumado". Esta é a mais elevada glória da vida cristã: estar casado com o Rei da Glória. O casamento é glorioso, mas não é *Cristo*. Embora muitos tenham projetado sobre o matrimônio aquilo que somente Deus pode dar, o casamento não é Deus. É uma criação divina para a glória de Deus, para que o mundo veja um retrato do evangelho de Deus. Além da terra, outra característica que destaca o casamento do relacionamento com o próprio Senhor é que o casamento não é eterno. Acaba quando o fôlego da vida chega ao fim, tornando-se algo que foi feito só na terra até que ela mesma seja renovada por completo. O casamento que vai permanecer, porém, são as bodas entre Cristo e sua igreja. Como duas estrelas que não morrem, feitas para brilhar eternamente, Deus e sua igreja estarão casados para sempre. Sempre se amarão.

Sempre serão um só. Tanto que a morte jamais os separará, pois já não mais existirá.

Se o casamento terreno não vai durar para a eternidade, não podemos pregar um "evangelho" que faça dele algo pelo qual se tem de morrer. O casamento terreno é momentâneo; o casamento da igreja com Cristo é eterno.

3. Ser solteiro não é uma maldição.

> O que realmente eu quero é que estejais livres de preocupações. Quem não é casado cuida das coisas do Senhor, de como agradar ao Senhor; mas o que se casou cuida das coisas do mundo, de como agradar à esposa e assim está dividido. Também a mulher, tanto a viúva como a virgem, cuida das coisas do Senhor, para ser santa, assim no corpo como no espírito; a que se casou, porém, se preocupa com as coisas do mundo, de como agradar ao marido. Digo isto em favor dos vossos próprios interesses; não que eu pretenda enredar-vos, mas somente para o que é decoroso e vos facilite o consagrar--vos, desimpedidamente, ao Senhor. (1Co 7.32-35)

No "evangelho heterossexual", ser solteiro ou solteira é sussurrado ou mantido completamente fora de discussão do que acontece depois de chegar à fé em Cristo. A condição de solteiro ou solteira é como aquele país que não quer a visita de ninguém. Assim, rasga suas fronteiras dos mapas, considerando que sua descoberta talvez reconduza os viajantes AMS de volta a um continente mais sombrio. Contudo, inúmeros homens e mulheres AMS merecem o privilégio de obter outro passaporte se necessário.

Talvez numa tentativa de não desencorajar os crentes AMS, alguns cristãos deixam de mencionar o celibato como única alternativa correta para suas vidas *se* o casamento não chegar. Mas, honestamente, mencionar apenas o casamento, sem incluir o estado de solteiro, será tão desanimador, se não mais, para muitos que lidam com sentimentos de atração pelo mesmo sexo. Alguns homens e mulheres AMS não têm e nunca saberão o que é sentir atração sexual por alguém do sexo oposto. Embora o desejo ou a atração sexual não sejam o fundamento para um casamento heterossexual frutífero, constitui, de fato, um aspecto dele. Para esses homens e mulheres, a condição de estarem casados seria mais uma provação do que um dom. Mas, como eles não têm ideia da beleza de permanecer solteiros, porque isso nunca lhes foi apresentado como uma opção, não conseguem acolher o momento em que se encontram com alegria e sem desespero.

Existem muitas bênçãos na vida da mulher solteira ou do homem solteiro. Principalmente a glória de ter um foco singular sobre como agradar ao Senhor, e não as mesmas preocupações que acompanham as pessoas casadas e seus dias ocupados. Seja por um período transitório, seja por toda uma vida, eles têm olhos concentrados que podem ser mais atentos às Escrituras e dedicados à oração, à adoração e à comunidade. Em relação aos casados, isso se torna um ato de malabarismo de prioridades. Uma caminhada no parque é como caminhar sobre as águas. Isso não significa que manter-se solteiro seja algo fácil, pois sabemos que o desejo por intimidade sexual persiste, mesmo quando se resiste às tentações. Mas não podemos ignorar o poder do evangelho de manter satisfeitas as pessoas solteiras, apresentando erroneamente o casamento como algo suficiente em todos os sentidos. Em vez disso, reconhecemos a realidade do desejo por intimidade sexual/relacional, apontando para o dia em que todos os desejos encontrarão pleno e máximo cumprimento em Cristo.

> Isso quer dizer que estar solteiro, como estar casado, representam um modo singular de testemunhar o evangelho da graça. Jesus disse que não haveria casamento na nova criação. A esse respeito, seremos como os anjos que não casam nem se dão em casamento (Mt 22.30). Teremos a realidade; não precisaremos mais ter a sinalização.
>
> Ao renunciar ao casamento, o celibato é uma maneira de antecipar essa realidade, como também de testemunhar sua bondade. É um jeito de dizer que essa realidade futura é tão certa que podemos viver de acordo com ela agora. Se o casamento nos mostra a forma do evangelho, o celibato mostra-nos sua suficiência. É um modo de declarar a um mundo obcecado por intimidade sexual e romântica que essas coisas não são o bem maior e que em Cristo temos aquilo que é realmente o bem supremo.[19]
>
> Sam Allberry

---

19 Disponível em: https://www.thegospelcoalition.org/article/how-celibacy-can-fulfill-your-sexuality/ Sam Allberry.

Enquanto torna-se comum encorajar o cristão AMS a ver que ser solteiro é um dom, nossas igrejas locais precisam reavaliar o modo como falharam em ser a família de Deus para todos, casados e solteiros, conforme Deus nos chamou para ser. O mundo vê a intimidade romântica/sexual como o único nível real e profundo de intimidade que as pessoas podem experimentar. Desse modo, um chamado ao celibato pode ser presumido como um chamado à solidão. Sabemos que a solidão nunca foi a intenção de Deus para os portadores de sua imagem (Gn 2.18). Ele, o Deus trino, é, por natureza, um Deus de comunidade e nos criou a todos para sermos comunais como ele. O problema é que, para alguns solteiros, o sentimento de solidão é muito palpável porque a presença da comunidade não é. Se quisermos ajudar os solteiros AMS a conhecer a profunda intimidade não sexual, a igreja precisa buscar ativamente demonstrar isso.

> Enquanto este for culturalmente o caso, e enquanto isso estiver refletido em nossas igrejas, será muito difícil qualquer pessoa solteira sentir que a ética sexual cristã é plausível. Precisamos garantir que nossa família da igreja seja realmente uma família. Jesus promete que "todo aquele que tiver deixado casas, ou irmãos, ou irmãs, ou pai, ou mãe *ou mulher*, ou filhos, ou campos, por causa do meu nome, receberá muitas vezes mais e herdará a vida eterna" (Mt 19.29). Igualmente, qualquer que seja participante de nossas igrejas poderá

dizer que experimentou um aumento na intimidade e no sentimento de comunidade.[20]

Christopher Yuan

Embora o "evangelho heterossexual" possa emoldurar o estado solteiro como algo desagradável a ser evitado, sabemos que o nosso Senhor Jesus foi um homem solteiro quando esteve na terra. Não lhe faltava nada. Ele era plenamente vivo no amor e no poder sustentador de seu Pai. Não duvido que, como nosso Sumo Sacerdote, ele possa ser empático com solteiros AMS em suas fraquezas genéricas, como também nas fraquezas específicas que possam sobrevir de seu estado celibatário (Hb 4.15-16). Mas, até mesmo na fraqueza, nele, tornamo-nos fortes. Mesmo na condição de solteiros, em Cristo, somos completos.

4. Evangelismo é sobre Deus.

> Antes de tudo, vos entreguei o que também recebi: que Cristo morreu pelos nossos pecados, segundo as Escrituras, e que foi sepultado e ressuscitou ao terceiro dia, segundo as Escrituras. (1Co 15.3-4)

> Pois *não me envergonho do evangelho, porque é o poder de Deus para a salvação de todo aquele que crê, primeiro do judeu e também do grego.* (Rm 1.16)

---

[20] Disponível em: https://www.9marks.org/article/singleness-same-sex-attraction-and-the-church-a-conversation-with-sam-allberry-rosaria-butterfield-and-christopher-yuan/grea.

> Porque não nos pregamos a nós mesmos, mas a Cristo Jesus como Senhor e a nós mesmos como vossos servos, por amor de Jesus. (2Co 4.5)

Evangelismo é uma palavra que significa compartilhar as boas-novas — mais especificamente, nesse caso, as boas-novas do evangelho. E esse evangelismo é totalmente a respeito de Deus, porque o evangelho é todo sobre Deus. Foi Deus quem nos criou. O Deus contra quem todos nós pecamos. Foi Deus quem nos amou. O Deus que enviou seu Filho, o Cristo, à Terra. Foi Cristo quem viveu a vida que nós não conseguiríamos viver. Foi Cristo quem morreu a morte que nós merecemos. Foi Cristo quem sofreu toda a ira de Deus. Foi Cristo quem ressuscitou dos mortos. Foi Cristo quem enviou seu Espírito Santo prometido. É o Espírito Santo quem remove o véu de nossos olhos para que vejamos a glória de Cristo. É o Espírito Santo quem amolece nossos corações endurecidos para que nos arrependamos. É o Cristo em quem somos ordenados a depositar nossa fé. É Cristo quem nos salva e que nos dá a vida eterna.

O problema mais alarmante com o "evangelho heterossexual" é que não é absolutamente um evangelho. Seus missionários levam ao mundo uma mensagem incapaz de salvar e libertar. Aponta para o casamento ou para a heterossexualidade livre de toda tentação como a razão para o arrependimento ou o fruto do arrependimento. Mas a razão pela qual deixamos o pecado *sempre* foi o fato de voltarmos para Jesus. Não duvido que seja fácil enganar a si mesmo, achando que o evangelho heterossexual é o evangelho de Deus porque muitos se esquecem de que, na verdade, o evangelho trata primeiramente de Deus. Quando a vida cristã passa a ser a prática de fazer tudo, exceto tornar Jesus conhecido, o que podemos esperar de nossas apresentações do evangelho? Elas naturalmente resultarão em algo vazio e desprovido de poder — cheias de mais moralismo que qualquer outra coisa, e suficientes para fazer homens e mulheres acreditarem que podem ser salvos por algum outro meio além de Jesus Cristo.

Voltar ao chamado fundamental de fazer de Deus o centro de nossas igrejas, de nossas conversas, de nossas doutrinas e de nossas vidas assegura-nos que ele não será deixado de fora de nosso evangelismo. Com certeza, nenhum homem que tenha feito Deus pequeno em sua própria vida terá o foco na direção de Deus, fazendo-o grande em ministério a outros.

Cristo veio simplesmente para nos reconciliar com Deus. E, ao nos reconciliar com Deus, ele nos satisfaz em Deus. Nossa sexualidade não é nossa alma, o casamento não é o céu e estar solteiro ou solteira não é o inferno. Que todos preguemos as boas-novas que são boas por uma razão: proclamam ao mundo que Jesus veio de modo que todos os pecadores, tanto os que se sentem atraídos por pessoas do mesmo sexo como os que se sentem atraídos pelo sexo oposto, possam ser perdoados de seus pecados para amar a Deus e deleitar-se nele para sempre.

POSFÁCIO

Vinde, ouvi, vós todos que temeis a Deus, e eu vos contarei o que ele fez a minha alma. (Sl 66.16)

Eu me pergunto por que o salmista disse isso. Por que ele nos convida a escutar algo tão maravilhoso quanto isso. Ele poderia ter guardado tudo para si e só ter contado aos prediletos que ele sabia que compreenderiam. Algumas histórias são guardadas, embrulhadas, escondidas do campo de visão. Reveladas por força ou escolha. Porém, ele escolheu nos contar, a despeito do que essa narrativa pudesse fazer com quem decidisse escutar. Decidiu não esconder de nós o que acontecera com sua alma, pois era algo bom demais para esconder, como no início de uma oração. O tipo de oração que começa dizendo "Eu te louvo porque..." e termina sem som. O silêncio é o que pode acontecer com a boca quando a mente lembra a graça e como ela é doce ao toque. Contudo, mesmo assim, essa lembrança de que Deus fez algo em sua alma, algo que vale a pena contar, é isso que ele queria que nós ouvíssemos.

E eu acho que sei o porquê. Este livro que você tem em mãos é minha forma de fazer o mesmo. Enquanto você estava lendo, ouviu de mim o que Deus fez. Ao me amar, ele me deu vida. Deu-me um coração novinho em folha, que palpita somente para amá-lo com tudo que há nele. E, com esse novo coração apaixonado por um Deus que não muda, fui compelida a *contar*.

Eu não queria que você viesse escutar a meu próprio respeito. Não fui eu que fiz qualquer coisa pela minha alma. Eu havia feito coisas contra ela. Mas o que Deus fez em minha alma vale a pena contar porque vale a pena conhecê-lo. Vê-lo. Ouvi-lo. Vale a pena amá-lo, confiar nele e exaltá-lo. Meu relato, como eu já disse, é meu louvor. Contar a você o que Deus fez pela minha alma é convidá-lo à minha adoração.

> Creio que nos deleitamos no louvor do que nos dá prazer porque o louvor não somente expressa, como também completa esse prazer; é sua designada consumação. Não é por simples elogio que os amantes ficam dizendo um ao outro quanto são lindos; esse deleite é incompleto até que isso seja expressado. É frustrante descobrir um novo autor e não poder contar a ninguém quanto ele é bom; chegar de repente na curva da estrada, em um vale da montanha de grandeza inesperada, e ter de se calar porque as pessoas com quem você está andando não ligam para isso mais do que ligam para uma lata velha na vala; ouvir uma boa piada e não ter ninguém com quem

compartilhar (...) O catecismo escocês diz que o principal objetivo do homem é "glorificar a Deus e deleitar-se nele para sempre". Mas, então, saberemos que tanto uma como outra são a mesma coisa. Ter plena alegria nele é glorificá-lo. Ao nos ordenar a glorificá-lo, Deus está nos convidando a ter nele todo o nosso prazer.[21]

Quando o salmista nos convida a vir e ouvir, convida-nos a desfrutar com ele a bondade de Deus. Este livro não é diferente disso. Toda palavra, sentença e parágrafo, tudo é uma explanação de como Deus tem sido bom para mim. Sua bondade não é particular a mim. Faz parte de sua pessoa. É quem ele é, quem sempre foi, quem sempre será. Então, porque ele é o mesmo Deus que fez algo maravilhoso para o salmista, o mesmo Deus que, igualmente, fez algo belo em minha vida, ele é capaz, agora mesmo, de fazer a mesma coisa por toda alma vivente.

---

21 C. S. Lewis, *Reflections on the Psalms* (1958; repr., San Diego, CA: Harcourt Books, 1986), 95-97.

FIEL
MINISTÉRIO

O Ministério Fiel visa apoiar a igreja de Deus, fornecendo conteúdo fiel às Escrituras através de conferências, cursos teológicos, literatura, ministério Adote um Pastor e conteúdo online gratuito.

Disponibilizamos em nosso site centenas de recursos, como vídeos de pregações e conferências, artigos, e-books, audiolivros, blog e muito mais. Lá também é possível assinar nosso informativo e se tornar parte da comunidade Fiel, recebendo acesso a esses e outros materiais, além de promoções exclusivas.

Visite nosso site

www.ministeriofiel.com.br

Esta obra foi composta em AJenson Pro Regular 12,19, e impressa
na Promove Artes Gráficas sobre o papel Pólen Soft 70g/m²,
para Editora Fiel, em Novembro de 2023